Alfred Bartelt

Die Ausschreitungen des geistlichen Standes

in der christlich-lateinischen Litteratur bis zum XII. Jahrhundert und in den

altfranzösischen Fableaus

Alfred Bartelt

Die Ausschreitungen des geistlichen Standes
in der christlich-lateinischen Litteratur bis zum XII. Jahrhundert und in den altfranzösischen Fableaus

ISBN/EAN: 9783743499843

Hergestellt in Europa, USA, Kanada, Australien, Japan

Cover: Foto ©ninafisch / pixelio.de

Weitere Bücher finden Sie auf **www.hansebooks.com**

Constitutio Bertholdiana.

Inaugural-Dissertation

zur Erlangung der Doktorwürde

der K. B. Friedrich-Alexanders-Universität Erlangen

vorgelegt von

Max Knör

Rechtspraktikant in Eichstätt.

Approbiert am 30. Januar 1910.

Eichstätt.

Druck der Ph. Brönnerschen Buchdruckerei (P. Seitz)

1910.

Referent: Universitätsprofessor Dr. Sehling.

Literatur

zur beiliegenden Abhandlung über die Constitutio Bertholdiana.

1. *Arnold,* Beiträge zum deutschen Privatrechte. 1840.
2. Blätter für Rechtsanwendung Bd. 13, 30, 37.
3. *Bornhak,* Grundriß des deutschen Staatsrechts. Leipzig 1910.
4. *Brünneck v.,* Zur Geschichte und Dogmatik der Gnadenzeit. Straßburg 1905.
5. *Falkenstein v.,* Antiquitates Nordgavienses. 1733.
6. *Frantz,* Lehrbuch des Kirchenrechts, Göttingen 1899.
7. *Friedberg,* Lehrbuch des katholischen und evangelischen Kirchenrechts. Leipzig 1909.
8. *Glanvell v.,* Negotia inter vivos et mortis causa Bd. II: Die letztwilligen Verfügungen nach gemeinem kirchlichen Rechte. 1900.
9. *Habicht,* Einwirkung des B. G.-B. auf zuvor entstandene Rechtsverhältnisse. Jena 1901.
10. *Hergenröther - Hollweck,* Lehrbuch des katholischen Kirchenrechts. Freiburg i. B. 1905.
11. *Hollweck,* Testament des Geistlichen. Freiburg i. B. 1901.
12. *Hübner,* Grundzüge des deutschen Privatrechts. Leipzig 1908.
13. *Klaproth,* Abhandlung von Testamenten, Codizillen, Vermächtnissen und Fideikommissen. 1782.
14. *Kobner,* Deutsches Reichsstaatsrecht. München 1900.
15. *Marquardsen v.* und *Seydel v.,* Einleitungsband zum Handbuche des öffentlichen Rechtes. Freiburg 1899.
16. *Mayer,* Die Kirchenhoheitsrechte des Königs von Bayern. München 1884..
17. *Meyer Georg,* Lehrbuch des deutschen Staatsrechts. Leipzig 1905.
18. *Oertmann,* Bayerisches Landesprivatrecht. Halle 1903.
19. „Pastoralblatt des Bistums Eichstätt" aus den Jahrgängen: 1854, 1855, 1858, 1859, 1860, 1861, 1863, 1864, 1871, 1872.
20. *Richter-Dove-Kahl,* Lehrbuch des katholischen und evangelischen Kirchenrechts. Leipzig 1886.
21. *Roth v.,* Bayrisches Civilrecht. Tübingen 1881/1899.
22. *Sax,* Die Bischöfe und Reichsfürsten von Eichstätt. Landshut 1884.
23. *Sägmüller,* Lehrbuch des katholischen Kirchenrechts. Freiburg i. B. 1909.
24. *Schröder,* Deutsche Rechtsgeschichte. Leipzig 1907.
25. *Schulte v.,* Geschichte der Quellen des kanonischen Rechtes Band II. Stuttgart 1875.

26. *Schulze,* Lehrbuch des deutschen Staatsrechts. Leipzig 1881.
27. *Stapf,* Unterricht von Testamenten und anderen letztwilligen Verfügungen. 1828.
28. *Stobbe,* Deutsches Privatrecht Bd. V. Berlin 1885.
29. *Thomas,* Das kanonische Testament. Leipzig 1897.
30. *Vering,* Lehrbuch des katholischen, orientalischen und protestantischen Kirchenrechts. Freiburg 1893.
31. *Völderndorff v.,* Civilgesetzstatistik des Königreichs Bayern. 1880.
32. *Walter:* Lehrbuch des Kirchenrechts aller christlichen Konfessionen. Bonn 1871.
33. *Windscheid,* Pandektenrecht Bd. III. Frankfurt 1901.
34. *Zöpfl,* Staatsrecht. 1863.
35. Archivalien:
Ordinariatsarchiv zu Eichstätt
Fasc. 557 „De testamentis in genere" S. 119, 143 ff.;
Fasc. 558 S. 11, 12, 14, 15, 16, 17, 18, 19, 20, 21, 22, 23, 30, 55, 59, 60.

Abkürzungen: E. P.-Bl. = Eichstätter Pastoralblatt.

Inhaltsübersicht.

----◆◎◆----

Druckfehler-Berichtigung.

Seite 38 ist zu lesen § 8 statt § 4.

Einleitung.

§ 1.

In der langen Folge der Fürstbischöfe von Eichstätt erscheint als einer der bedeutsamsten Fürstbischof Berthold[1], der vom Jahre 1354—1365 die Geschicke des Hochstiftes leitete. Berthold, ein Hohenzoller aus dem Hause der Burggrafen von Nürnberg, der mit kaum 31 Jahren auf den Eichstätter Bischofsstuhl berufen wurde, entfaltete eine äußerst vielseitige Tätigkeit. Trotzdem er als Kanzler in dem Kabinette des Kaisers Karl IV. sowie als Administrator des Bistums Regensburg für seinen Bruder, den verschwenderischen Bischof Friedrich wirkte, gelang es ihm, nicht bloß seinen Pflichten als weltlicher und geistlicher Herrscher seines Landes voll und ganz nachzukommen, sondern weit darüber hinaus Hervorragendes zu schaffen. In der Verwaltung seines Hochstiftes bahnte er eine großartige Reformierung der ganzen Verhältnisse an; er reorganisierte den Klerus und ging an die Wiedereröffnung der Synoden; er brachte wieder gesunde Ordnung in die zerrütteten Finanzverhältnisse seines Hochstiftes, dotierte Dom, Domkapitel und Stifte mit fürstlicher Freigebigkeit aus seinen reichen Privatmitteln; er schuf prächtige Baudenkmale und ließ unter anderem das Wahrzeichen der Stadt Eichstätt, die Willibaldsburg[2] aufführen. Den schönsten und unvergänglichsten Markstein in der Geschichte Eichstätts hat er sich jedoch auf dem Gebiete der Gesetzgebung gesetzt mit der Erlassung der Constitutio Bertholdiana über die Testirfreiheit der Geistlichen, die dazu bestimmt und geeignet war, Ordnung und Besserung in die verworrenen Rechtsverhältnisse der damaligen Zeit zu bringen und das ganze Mittelalter herauf bis zur Neuzeit im Rechtsleben der Diözese Eichstätt von einschneidender Bedeutung war.

---

[1] Sax: Die Bischöfe und Reichsfürsten von Eichstätt S. 240 ff.

[2] Sax schreibt in seinem Werke über die Bischöfe Eichstätts S. 250: Berthold baute ein befestigtes Castell mit Turm, Wohnhaus und Oekonomiegebäuden auf dem vorderen Abhange des Berges gegen das tiefe Tal zu, umgab das Ganze mit Gräben und Wällen; den Bau selbst nannte man Willibaldsburg.

⬥◉⬥

Druckfehler-Berichtigung.

Seite 38 ist zu lesen § 8 statt § 4.

Einleitung.

§ 1.

In der langen Folge der Fürstbischöfe von Eichstätt erscheint als einer der bedeutsamsten Fürstbischof Berthold[1], der vom Jahre 1354—1365 die Geschicke des Hochstiftes leitete.

Berthold, ein Hohenzoller aus dem Hause der Burggrafen von Nürnberg, der mit kaum 31 Jahren auf den Eichstätter Bischofsstuhl berufen wurde, entfaltete eine äußerst vielseitige Tätigkeit. Trotzdem er als Kanzler in dem Kabinette des Kaisers Karl IV. sowie als Administrator des Bistums Regensburg für seinen Bruder, den verschwenderischen Bischof Friedrich wirkte, gelang es ihm, nicht bloß seinen Pflichten als weltlicher und geistlicher Herrscher seines Landes voll uud ganz nachzukommen, sondern weit darüber hinaus Hervorragendes zu schaffen. In der Verwaltung seines Hochstiftes bahnte er eine großartige Reformierung der ganzen Verhältnisse an; er reorganisierte den Klerus und ging an die Wiedereröffnung der Synoden; er brachte wieder gesunde Ordnung in die zerrütteten Finanzverhältnisse seines Hochstiftes, dotierte Dom, Domkapitel und Stifte mit fürstlicher Freigebigkeit aus seinen reichen Privatmitteln; er schuf prächtige Baudenkmale und ließ unter anderem das Wahrzeichen der Stadt Eichstätt, die Willibaldsburg[2] aufführen. Den schönsten und unvergänglichsten Markstein in der Geschichte Eichstätts hat er sich jedoch auf dem Gebiete der Gesetzgebung gesetzt mit der Erlassung der Constitutio Bertholdiana über die Testirfreiheit der Geistlichen, die dazu bestimmt und geeignet war, Ordnung und Besserung in die verworrenen Rechtsverhältnisse der damaligen Zeit zu bringen und das ganze Mittelalter herauf bis zur Neuzeit im Rechtsleben der Diözese Eichstätt von einschneideuder Bedeutung war.

---

[1] Sax: Die Bischöfe und Reichsfürsten von Eichstätt S. 240 ff.

[2] Sax schreibt in seinem Werke über die Bischöfe Eichstätts S. 250: Berthold baute ein befestigtes Castell mit Turm, Wohnhaus und Oekonomiegebäuden auf dem vorderen Abhange des Berges gegen das tiefe Tal zu, umgab das Ganze mit Gräben und Wällen; den Bau selbst nannte man Willibaldsburg.

1

§ 2.

Es entsteht nun die Frage: War denn der Bischof überhaupt kompetent und berechtigt, derartige privatrechtliche Normen mit allgemein verbindlicher Kraft für seine Untertanen zu erlassen? Die Beantwortung dieser Frage ergibt sich aus der landesherrlichen Stellung des Bischofs der damaligen Zeit, wonach das wesentlichste Recht der Landesherrlichkeit die Gerichtsbarkeit bildete, die aber nicht bloß auf Rechtsprechung beschränkt blieb, sondern vor allem auch das Recht in sich schloß, Verordnungen mit allgemein verbindlichem Charakter zu erlassen (ius statuere) [1].

Wie in den anderen von geistlichen Fürsten beherrschten Territorien des deutschen Reiches der damaligen Zeit war es auch im ehemaligen Fürstbistume Eichstätt; auch hier bestand das geltende Recht aus Verordnungen des Bischofs, wozu dann noch die sogenannten Stiftsgebräuche, nämlich einzelne Observanzen und gewohnheitsrechtliche Normen kamen. Hinsichtlich der allmählichen Entwicklung der landesherrlichen Rechte des Bischofs im Hochstifte Eichstätt, ist folgendes zu bemerken:

Das Hochstift Eichstätt führt seine Gründung und seinen Ursprung zurück auf eine bescheidene Klosterniederlassung des Missionsbischofes St. Willibald um das Jahr 740 [2]. Während der Gründer des Hochstiftes in der rein kirchlichen und geistlichen Betätigung seines Amtes seine Lebensaufgabe suchte, machte sich schon unter dessen unmittelbarem Nachfolger Geroch (781—801) ein Bestreben auf Erwerbung und Mehrung weltlicher Besitztümer geltend [3]. Allmählich erfuhren die Bischöfe von Eichstätt eine immer mehr zunehmende Erhöhung ihrer weltlichen Machtstellung nicht bloß durch Erweiterungen ihres Landgebietes, sondern vor allem durch Steigerung ihrer weltlichen Machtbefugnisse innerhalb ihres Territoriums, sei es durch spezielle kaiserliche Zugeständnisse, sei es durch Verleihungen allgemeiner Natur im Vereine mit den anderen geistlichen Fürsten des deut-

---

[1] Bornhak S. 1 ff., 53; Schulze S. 66 ff.; Meyer Georg S. 58 ff., 86 ff.; Kobner S. 52 f.; Marquardsen-Seydel S. 21, 41, 50 f., 56; Zöpfl I S. 288, 242, 243 f.

[2] Sax S. 5 ff.

[3] Sax S. 11 ff.

schen Reiches. So erhielt Erchambold (882—912) am 5. II. 908 von Ludwig dem Kinde das Münz- und Zollrecht und mit der Verleihung des Manerrechtes Stadtrechte, ferner das Recht des Forstbannes innerhalb des Eichstätter Gebietes, sowie im Walde bei Eitensheim, Buxheim, Pietenfeld[1]:

Eine weitere bedeutende Stärkung ihrer weltlichen Machtbefugnisse erfuhren die Eichstätter Bischöfe dadurch[2], daß auf dem Reichstage zu Bamberg 11. XI. 1122 den Bischöfen überhaupt das Recht zugestanden wurde, die Gerichtsbarkeit und Obrigkeit in dem Lande auszuüben, wo sie Herren des Territoriums sind und wo nicht besondere Exemtionen der kaiserlichen und geistlichen Lehensgüter gelten.

Bischof Hartwig von Eichstätt (1195—1223) erhielt von König Philipp am 14. IX. 1199 durch Goldbulle für sein Hochstift das Recht, jährlich 14 Tage Jahrmarkt zu halten[3].

Von ganz besonderer Bedeutung für die weltliche Machtstellung der geistlichen Fürsten Deutschlands und somit auch der Bischöfe von Eichstätt waren folgende kaiserliche Zugeständnisse Friedrich II. erließ am 26. IV. 1220 einen Privilegienbrief für die geistlichen Fürsten[4], „confoederatio cum principibus ecclesiasticis" durch die er die Zustimmung der geistlichen Fürsten für die Wahl Heinrichs zum römischen König erkaufte. Der Inhalt dieses Briefes war im wesentlichen folgender:

1. Aufhebung des ius exuviarum, d. h. der Nachlaß eines geistlichen Fürsten soll nie dem kaiserlichen Fiskus, sondern den Testamentserben zufallen oder in deren Ermanglung dem Nachfolger des Fürsten.
2. Der Kaiser und seine Nachfolger wollen in den Territorien der geistlichen Fürsten ohne deren Rat und Willen neue Münzen nicht einführen.
3. Heimgefallene kaiserliche Lehen will der Kaiser in ihrer Verleihung schirmen.

---

[1] Sax S. 21.
[2] Sax S. 56 f.
[3] Sax S. 84.
[4] Zöpfl I S. 248; Schröder S. 605; Sax S. 89.

1*

4. Auf Kirchengrund gebaute Burgen und Städte sollen zerstört und solche künftig auf solchem Boden nicht mehr errichtet werden.

5. In geistlichen Territorien und Städten sollen kaiserliche Beamte außer acht Tage vor und nach dem Hoftage keine Gerichtsbarkeit ausüben.

Ein Statut[1] König Heinrich VII. „statutum in favorem principum" vom 1. V. 1231, das ihm die Gunst der Fürsten auf Kosten des Kaisers erwerben sollte, verordnete: „Alle zum Nachteile geistlicher Fürsten den Städten und weltlichen Fürsten erteilten Privilegien, ebenso alle ohne Einwilligung der Bischöfe in ihren Städten getroffenen Anordnungen sind ungültig. Der geistliche Reichsfürst kann den Sitz seiner Stadt befestigen, und prägt er in derselben Münze, so soll keine andere als die seine in Umlauf gesetzt werden."

Bischof Heinrich III. (1233—1237) von Eichstätt erwirkte sodann im Jahre 1234 von Friedrich II. folgenden wichtigen Rechtsspruch[2]:

1. Kein Vogt darf von den Bürgern der Kathedralstadt Abgaben erheben.

2. Kein Graf oder Vogt darf sich Gerichtsbarkeit über Vorgänge binnen der kirchlichen Immunität anmaßen, wo sie nur dem geistlichen Richter zusteht.

3. Kein Vogt darf von den Amtsleuten des Bischofs und der Familie der Kirche Abgaben erheben oder über sie Gerichtsbarkeit ausüben.

4. Jeder Bischof soll einen weltlichen Richter in seinen Städten, Märkten und Dörfern haben, der in seinem Namen richte und zwei Teile der Bußen für den Bischof empfange, während der dritte Teil dem Domvogt gebühre.

Hiemit wurde der letzte bedeutsame Schritt zur Entwicklung und völligen Ausbildung der Landeshoheit der geistlichen Fürsten getan. Zwar hatten auch unter den Vorgängern Friedrich II.

---

[1] Schröder S. 605; Sax S. 97.
[2] Sax S. 100 f.

Begünstigungen einzelner Fürsten stattgefunden, speziell auf dem Gebiete des Lehenrechtes, allein ein entscheidendes Zugeständnis von solcher Tragweite und Bedeutung an die Gesamtheit erfolgte erst unter Friedrich II. und dessen Sohn Heinrich VII.[1]

Für die Entwicklung der landesherrlichen Stellung des Bischofes von Eichstätt ist noch erwähnenswert eine Urkunde[2], an welcher wohl das Datum (25./26. April 1305/06), nicht aber die materielle Richtigkeit angezweifelt werden kann, welche uns über die Belehnung des Eichstätter Bischofes Johann I. von Dirpheim (1305—1306) mit den Reichsregalien durch König Albrecht I. Nachricht gibt. Hiebei wurde ihm auch die Halsgerichtsbarkeit „exercitium iudicii et iustitiae ac gladii proprietatem in feudum" der Art übertragen, daß er dieselbe durch seine weltlichen Richter ausüben lassen konnte.

———

Aus all dem dürfte zur Genüge erhellen, daß die Fürst-bischöfe von Eichstätt wie die übrigen geistlichen Fürsten des Deutschen Reiches in der Zeit des 13. und 14. Jahrhunderts schon im vollen Besitze der „Landesherrlichkeit" und infolgedessen auch der der Landesherrlichkeit entspringenden Rechte waren. Somit handelte also Bischof Berthold, als er in der am 12. November 1364 stattgefundenen Synode[3] die Verordnung über das Testamentswesen seiner Geistlichen erließ, innerhalb der Grenzen seiner weltlichen Machtbefugnisse; er handelte also als zuständiger und rechtmäßiger weltlicher Gesetzgeber, ganz abgesehen davon, ob er nicht schon in seiner rein geistlichen Eigenschaft als Bischof befugt war, über diese Materien Bestimmungen zu erlassen (wovon indes weiter unten Näheres ausgeführt wird).

Die Erlassung von Bestimmungen über Gewährung von Testirfreiheiten, wie sie Bischof Berthold in seine nach ihm benannte Konstitution aufgenommen hat, legt vor allem die Frage nahe, was denn eigentlich den Beweggrund hiezu bildete.

[1] Schröder S. 601, 604 ff.
[2] Sax S. 189, 191.
[3] S. Manuskript im bischöfl. Ord.-Archiv in Eichstätt; Völderndorff S. 50; P.-Bl. f. E. 1854 S. 99.

Kapitel I.
Veranlassung zu dem Erlasse der „Constitutio Bertholdiana".

§ 3.

Ueber die Veranlassung zu dem Erlasse der „Constitutio Bertholdiana" schreibt Heinrich v. Falkenstein in seinen „Antiquitates Nordgavienses"[1]:

„Damals (Anfang des 14. Jahrhunderts) gieng eine übele Gewohnheit im Schwange. Wenn ein Geistlicher starb, oder noch am Leben auf dem Tod-Bette lag, grieff jedermann zu und nahm von seinem Vermögen und Mobilien, gleich als wenn es res derelictae, oder solche Sachen wären, die keinen Herrn hätten, was er ertappen kunnte und dieses so unverschämt, daß denen kranken Geistlichen auch oftmals das Bett unterm Leibe weggenommen wurde, und kaum so viel übrig blieb, davon sie ehrlich begraben werden mochten. Dieses alles geschehe darum, weil ein Geistlicher mit seinem Vermögen nicht disponieren, noch ein Testament oder Legatum aufrichten kunnte."

1.

Diese Verhältnisse sind keine plötzliche Erscheinung in dem Rechtsleben der damaligen Zeit, sondern sie sind das traurige Ergebnis einer langjährigen Rechtszerfahrenheit, die infolge der ungenügenden Bestimmungen auf dem Gebiete des Testamentswesens hervorgerufen wurde. Die Testirbefugnis der Geistlichen[2] hatte im Laufe der Zeit verschiedene Aenderungen erfahren. Ursprünglich konnte der Geistliche nur über dasjenige Vermögen, welches er in sein Amt mitgebracht oder darin von Verwandten ererbt hatte, über die bona patrimonialia (peculium patrimoniale) frei testieren oder seinen Verwandten hinterlassen; wenn diese fehlten, fiel es an die Kirche. Dieses Recht galt auch für die Kanoniker, und die Kirche war bemüht, diese Befugnis der Geistlichen gegen die widerstrebenden germanischen Rechtsansichten aufrecht zu

---

[1] Antiquitates Nordgavienses von Heinrich von Falkenstein (vom Jahre 1723) S. 189.
[2] Friedberg S. 599f.; Hollweck S. 3f.; Sägmüller S. 883f.; Hergenröther S. 875; Walter § 262—264.

erhalten. Hinsichtlich des im Amte erworbenen Vermögens trat aber bald ein eigentümlicher Gesichtspunkt ein. Die Kirche betrachtete nämlich das Kirchengut überhaupt als das Vermögen der Armen, welches ihr nur zur Verwaltung und Verwendung anvertraut sei. Es sollten daher die Geistlichen aus dem Kirchenvermögen nur das Nötige annehmen, das Uebrige aber den Armen lassen. Demgemäß fiel nach dem Tode eines Geistlichen alles, was aus dem Amte erworben war, an die Kirche zurück.

Allmählich erst wurde dann dem Geistlichen die Befugnis zugesprochen, auch über jene Güter zu verfügen, welche er abgesondert von seinem Amtseinkommen erwarb. Späterhin wurde sodann dem Geistlichen sogar gestattet, selbst von dem aus dem Amte gemachten Erwerbe etwas zu mildtätigen Zwecken, ja sogar für bedürftige Verwandte und die Dienerschaft zu verwenden.

Starb der Kleriker ohne ein Testament hinterlassen zu haben, so wurde er von der Kirche allein beerbt.

Diese Grundsätze blieben der Hauptsache nach stets die gleichen, wurden von den Synoden oft eingeschärft und bildeten die gemeinrechtliche Regel — abgesehen von unwesentlichen Verschiebungen zufolge Gewohnheitsrechtes in verschiedenen Territorien — bis in das 14. Jahrhundert herab im ganzen deutschen Reiche und speziell auch im Fürstentum Eichstätt.

Die Entwicklung dieses Verfügungsrechtes der Geistlichen steht in einem engen Zusammenhange mit der Entwicklung des Testamentsrechtes der Bischöfe[5] und es ist daher veranlaßt, auch auf dieses einzugehen.

a) Während noch die apostolischen Kanonen und das Konzil von Antiochia (341) das letztwillige Verfügungsrecht der Bischöfe und sonstigen Geistlichen über ihren Nachlaß nicht beschränkten, finden wir schon Ende des 4. Jahrhunderts diese Trennung in Konzilsbeschlüssen und ganz in ihrem Geiste erließ Justinian im Jahre 528 ein Gesetz, wonach die Bischöfe nur über das letztwillig verfügen durften, was sie vor ihrer Erhebung auf den Bischofsitz besaßen oder nachher von ihren Eltern, Geschwistern und Onkeln geschenkt bekommen hatten; die einfachen Priester

---

⁵ Glanvell II S. 31—39; Sägmüller 883f.; Friedberg S. 561f.

waren damals jedoch nicht darunter begriffen. Der Grund für diese verschiedene Behandlung der Bischöfe dem übrigen Klerus gegenüber ist zweifellos darin zu suchen, daß die kirchliche Vermögensverwaltung zu jener Zeit noch vollständig in den Händen des Bischofs ruhte, welcher den einzelnen, ihm untergebenen Geistlichen ihren Unterhalt aus den kirchlichen Einkünften je nach Bedarf und ihrem Verdienste anwies. Was allerdings außer dem vor der Konsekration besessenen Vermögen frei vergeben werden durfte, darüber haben in der Zeit nach Justinian die Ansichten gewechselt. Gregor der Große (590—604) z. B. wollte, daß alles Uebrige an die Kirche kommen sollte; die Frankfurter Synode vom Jahre 794 stimmte ihm hierin bei. Einer wesentlich liberaleren Anschauung war in dieser Hinsicht die Mehrzahl der Konzilien, welche dem Bischofe die Verfügungsbefugnis über all das ließen, was er nach seiner Konsekration ohne Rücksicht auf sein kirchliches Amt erworben hatte. So schon das III. Konzil zu Karthago (397), das IX. zu Toledo (755), das VI. zu Paris (829) und das Konzil von Mainz vom Jahre 847. Diese Auffassung wurde dann auch Grundlage des gemeinen kanonischen Erbrechtes.

b) Die verschiedene Behandlung der Bischöfe und des übrigen Klerus in Erbschaftssachen hörte jedoch auf, als sich das Pfründewesen in der Kirche ausbildete. Ja man nahm sogar Veranlassung, die für die Bischöfe geltenden erbrechtlichen Grundsätze ausdrücklich auf die Priester auszudehnen. Eine Bestätigung findet dies durch die Erklärung des III. Konzils im Lateran vom Jahre 1179[6]: „Cum in officiis charitatis primo illis teneamur obnoxii, a quibus nos beneficium cognoscimus accepisse, e contrario ecclesiastici quidam clerici cum ab Ecclesiis suis multa bona perceperint, bona per Ecclesias acquisita in alios usus transferre praesumunt. Hoc igitur, quia et antiquis canonibus constat inhibitum, nos etiam nihilo minus inhibemus. Indemnitati itaque Ecclesiarum providere volentes, sive intestati decesserint, sive aliis conferre voluerint, penes Ecclesias eadem bona praecipimus remanere."

---

⁶ Glauvell II S. 96; E. P.-Bl. 1854 S. 88.

Hier wird also ganz allgemein von „clerici" gesprochen (es hört jegliche Unterscheidung in der Testirbefugnis zwischen Bischof und niederem Klerus auf, so daß also in dieser Hinsicht jetzt eine völlige Gleichstellung bestand und die für den Bischof geltenden rechtlichen Grundsätze auch auf den niederen Klerus Anwendung fanden), denen das Testiren über ihr aus der Pfründe erübrigtes Vermögen verboten ist.

Zur Würdigung der allgemeinen Rechtslage dieser Zeit (12. und 13. Jahrhundert) bezüglich der testamentsrechtlichen Verhältnisse der Kleriker sind noch erwähnenswert verschiedene Bestimmungen und Rechtsanschauungen der gleichen Periode und der unmittelbar vorausgehenden Jahrhunderte. So wurde im 9. Jahrhundert eine Verordnung erlassen, welche nähere Bestimmungen über die Verteilung des Nachlasses eines Klerikers trifft[1]; hier wird zum erstenmal auf die Mißwirtschaft hinsichtlich des Spolienrechtes hingewiesen. Die Synode von Altheim[2] vom Jahre 916 gestand dem Kleriker das Recht zu, durch Rechtsgeschäfte unter Lebenden über sein aus weltlichem Titel erworbenes Gut nach freiem Ermessen verfügen zu können, bestimmte aber gleichzeitig, daß die Kirche Alleinerbin eines ab intestato verstorbenen Klerikers sei. Im 12. Jahrhundert wurde gelegentlich eines Prozesses, der vor Kaiser Friedrich II. in Speyer geführt wurde, als allgemeine Rechtsanschauung kundgegeben, daß ein Geitlicher über sein Mobiliarvermögen aus weltlichem Titel nach Belieben Verfügung treffen könne, daß er aber über alle jene Güter, deren Erwerb oder Ursprung sich aus kirchlichem Titel herleitet, keinerlei Verfügungsrecht habe[3]. Bezüglich des niederen Klerus hat sodann Papst Alexander III. sein Einverständnis mit den rechtlichen Gepflogenheiten dahin kundgegeben, daß jeder das noch bei Lebzeiten aus den Einkünften seines kirchlichen Amtes erübrigte Vermögen an Klöster, Arme oder Bedienstete als Almosen zuteilen konnte[4].

---

[1] Hollweck S. 6; Franz S. 332 f.

[2] Hollweck S. 6; Walter S. 589 ff.

[3] Hollweck S. 7.

[4] C 12 X 3, 26; s. Hollweck S. 8.

2.

Die Entwicklung des Testirrechtes der Geistlichen, wie sie sich im Laufe der Jahrhunderte in der geschilderten Weise bis zum Beginn des 12. Jahrhunderts vollzog, kann nur als eine sehr allmähliche bezeichnet werden. Auch kann der Stand der Entwicklung in dieser Periode hinsichtlich der dem Geistlichen auferlegten Beschränkungen, wie oben bereits dargetan, kein sehr erfreulicher und beneidenswerter genannt werden. In diesen ohnehin nicht glücklichen Verhältnissen tritt nun Ende des 12. und Anfang des 13. Jahrhunderts eine derartige Verworrenheit und Unhaltbarkeit der Zustände ein, wie sie bis zu dieser Zeit auch nicht annähernd jemals zutage traten. Diese Mißstände, die im letzten Grunde auf die mangelnde Testirfähigkeit der Geistlichen zurückzuführen sind, wodurch eben fremdes Eingriffsrecht geradezu bedingt und begünstigt wurde, haben ihre unmittelbare Veranlassung in zwei Ursachen, nämlich in den Auswüchsen und der allzu rigorosen Handhabung des Spolienrechtes einerseits und dem Mißbrauche des Gnaden- oder Sterbejahres andererseits[1].

a) Das Spolienrecht[2], dessen Entstehung in die Merovingerzeit zurückreicht, ging ursprünglich davon aus, daß der Eigentümer der Kirche, d. i. der Eigentümer des fundus, auf dem die Kirche liegt, der Patronatsherr, ein Recht an dem Mobiliar der Kirche haben sollte; schon bald jedoch nach dem Aufkommen dieses Rechtsinstitutes machte der Patronatsherr im Zusammenhange mit diesem Rechte an der Kirche ein Recht auf den Nachlaß des Klerikers dergestalt geltend, daß ihm 1/3 des Nachlasses zufallen sollte, während die übrigen 2/3 der Kirche und den Armen zukamen. Soweit der Nachlaß des Klerikers beweglich war, unterlag er ohnedies der Spoliation des Patronatsherrn. Wie der Patronatsherr sein Spolienrecht gegen die niederen Geitlichen geltend machte, so machte der König[3] — allerdings erst in späterer

---

[1] H o l l w e c k S. 9; E. P.-Bl. 1854 S. 91.

[2] F r i e d b e r g S. 600; M a y e r S. 15 ff.; S c h r ö d e r S. 428 f., 534, 536, 605; S ä g m ü l l e r 885 f.; F r a n z 332 f.; W a l t e r 591 f.; R i c h t e r - D o v e - K a h l 1335 ff.

[3] Das königliche Spolienrecht scheidet sich historisch scharf von dem patro= natischen. Während dieses bis auf die Merovingerzeit zurückgehend, nichts anderes ist als eine Abschwächung des ursprünglichen Eigentums an der Kirche, lässt sich das Spolienrecht des Königs erst in einer viel späteren Zeit nachweisen. s. M a y e r S. 17 f.

Zeit — dieselben Rechte gegen die Bischöfe und Abteien geltend, indem er seine Ansprüche von seiner Landesherrlichkeit herleitete. Im Laufe der Zeit[1] nun, besonders Ende des 12. und Anfang des 13. Jahrhunderts nahm das Spolienrecht, das sich eigentlich nur auf das Kirchengut und den seit der Ordination erworbenen Nachlaß des Klerikers beschränken sollte, einen derartigen Umfang an, daß es unterschiedslos, gleichviel, ob es sich um vor der Weihe des Geistlichen oder nach dessen Weihe erworbenes Vermögen handelte, auf das Vermögen des Geistlichen überhaupt ausgedehnt wurde. Der König übte es gegen den Nachlaß der Bischöfe, diese hinwiederum, die Gutsherren und Patrone gegen den Nachlaß der Pfarrer und niederen Kleriker und zwar in einer derartig rohen und brutalen Weise, daß dem mit dem Tode ringenden Geistlichen, oft seiner ganzen Habe vor dem Tode schon beraubt, sogar das Bett weggenommen wurde und er auf dem Boden liegend, seinen Geist aushauchen mußte.

Diese Mißstände führten im Fürstbistum Eichstätt schließlich dazu[2], daß ein Teil des Klerus seinen letzten Willen unter Anwendung äußerer Gewaltmittel zu schützen lernte oder jene Pfründenbesitzer, die nicht frei testieren konnten, vor dem Tode ihr ganzes Hab und Gut verschwendeten.

b) In diesen traurigen Verhältnissen trat auch keine Besserung ein, als man daran ging, den Geistlichen das sogenannte Gnaden- oder Sterbejahr[3], d. i. das Recht, über die Amtseinkünfte eines Jahres nach dem Tode noch bei Lebzeiten zu verfügen, sondern die mißbräuchliche Benutzung dieser Vergünstigung führte schließlich nur noch eine Verschlimmerung der Zustände herbei.

---

[1] Die Ausübung des weltlichen Spolienrechtes dauert nachweisbar bis in das 16. Jahrhundert hinein fort. Friedberg S. 601.

[2] E. P.-Bl. 1854 S. 91.

[3] Der Geistliche konnte bestimmen, daß die Einkünfte des 1. bezw. auch des 2. Jahres nach seinem Tode zur Bezahlung seiner Schulden, als Vermächtnis an arme Verwandte, als Entgelt für einmal aus eigenem Vermögen zugunsten der Kirche gemachten Aufwendungen, oder für einen frommen Zweck bestimmt wurden. S. Glanvell II S. 145; Sägmüller S. 888; Friedberg S. 604 ff.; Hergenröther S. 891; Walter S. 592 f.; Franz S. 333; Richter-Dove-Kahl S. 1339 ff.

Das erste urkundliche Zeugnis[3], in welchem das Gnadenjahr begegnet, reicht in die 1. Hälfte des XI. Jahrhunderts zurück. Den Kanonikern des von ihm in der Stadt Brüssel errichteten Kollegiatstiftes gesteht der Graf Balderich von Brabant im Jahre 1047 das Recht zu, dass ein jeder von ihnen die ihm gehörige Präbende für die Dauer eines ganzen Jahres von Ende seines Lebens ab, jedwedem, den er zu bedenken wünsche, hinterlassen möge. Im Jahre 1140 gewährt Bischof Buggo von Worms seinem Klerus das Gnadenjahr; dem Speierer Klerus wurde es im Jahre 1159, dem Würzburger 1165, dem Bremenser 1165, dem Hamburger 1265, dem Paderborner 1292 zuerkannt[1].

Im Fürstbistume Eichstätt gestattete zuerst Bischof Ulrich II. (1112—1125)[2] seinen Domherren, wie Philipp v. Rath-samshausen den Kanonikern des Kollegiatstiftes in Eichstätt 1318, das Gnadenjahr, annus gratiae. Den Sinn desselben erklärt eines der Statuten des neuen Kollegiatstiftes zu Eichstätt vom Jahre 1318[3]: „Item concedimus et indulgemus eisdem (Canonicis), ut quemque de ipso Collegio decedere amodo contigerit, qui dum viveret, residentiam ibidem continuaverat personalem, annum gratiae seu mortis pro se habeat, ita viddicet, ut redditus universos, si ex stipendio praebendae suae per unius anni spatium haberi poterunt, in solutionem suorum debitorum, ob animae suae remedium aut in alios quoscunque usus licitos et honestos ipse defunctus deputare valeat et donare."

Papst Johann XXII. hat in seiner constitutio suscepti regiminis das durch Gewohnheitsrecht, Privilegien und Statuten entstandene[4] Gnadenjahr nicht verboten, sondern anerkannt wenn auch in beschränktem Maße[5], indem er bestimmte, daß die wegen der Interkalarfrüchte Berechtigten sich mit den Einkünften zu begnügen haben, welche die Präbenden zu der Zeit abwerfen, als die erste Abschätzung des Stelleneinkommens unter Berücksichtigung der den Zehntpflichtigen obliegenden Leistungen stattfinde.

[3] S. Brünneck S. 1.
[1] Hollweck S. 9.
[2] Die Verleihung erfolgte im Jahre 1119. s. Sax S. 57 f.
[3] Falckenstein, cod. diplom. S 163; E. P.-Bl. 1854 S. 88.
[4] Brünneck S. 22.
[5] Brünneck S. 8, 11 f.

Die Beweggründe[1], die die Fürsten und Bischöfe veran-
laßten, den Geistlichen das Gnadenjahr zu gewähren, waren nicht
immer die nämlichen. Ursprünglich ging man davon aus, wie ein
von Bischof Eberhard von Worms im Jahre 1263 bestätigtes
Statut des dortigen Domkapitels bezeugt, den Domherren, die den
Stand der Weltgeistlichen aufzugeben und als Mönche in den einen
oder anderen religiösen Orden einzutreten wünschten, die Vergünstigung zu gewähren, über ihre Pfründe nach ihrem Tode, oder
wenn sie durch Profeßleistung bei einem Orden aus dem Stifte
schieden, noch ein Jahr verfügen zu können und dadurch in den
Stand gesetzt zu sein, diese zur Bezahlung ihrer Schulden zu verwenden, daß sie nicht etwa mit Schulden belastet ihren heilsamen
Entschluß aufzugeben genötigt wären[2]. Bei den späteren Ge-
währungen des Gnadenjahres wurde als Zweck der Verleihung
hauptsächlich betont, den Geistlichen die Möglichkeit zu verschaffen,
ihre Anspruchsberechtigten testamentarisch befriedigen
zu können[3], um so ihre Ansprüche und das Hinterlassene leichter
zu schützen, nachdem ihnen damals noch bei Lebzeiten von ihren
Verwandten, Laien und Armen alles weggeschafft wurde, so daß
sie oft nicht mehr für das Nötigste Sorge tragen konnten.

Während in der ersten Zeit der Entstehung des Gnadenjahres von diesem im allgemeinen der vorausgesetzte Gebrauch
gemacht wurde, rissen in der Folgezeit bald arge Mißstände ein[4].
Die Geistlichen liessen sich von ihren Gläubigern Geld vorschießen,
indem sie diese zwecks Befriedigung ihrer Forderungen auf die
nach ihrem Tode fälligen Pfründenbezüge verwiesen, um das Geld
zu verprassen.

§ 4.

Diesen unhaltbaren Zuständen abzuhelfen, wie sie die Aus-
artung der Durchführung des Spolienrechtes und der Benützung
des Gnadenjahres zeitigten, war nur eine Verbesserung und

---

[1] S. Brünneck S. 2 ff.; Glanvell II S. 145.
[2] Die Möglichkeit, der Schuldtilgung den Geistlichen an die Hand zu
geben, war auch der wichtigste Zweck, der für die Bewilligung des Gnadenjahres maßgebend war. s. Brünneck bei Stutz Bd. 21, S. 17.
[3] Hollweck S. 9.
[4] Brünneck S. 18.

Ergänzung auf dem Gebiete des Testamentswesens imstande, und so ging man von seiten des Staates sowohl wie der Kirche daran, mit gründlichen Reformen einzusetzen.

Zuerst erlangten die Bischöfe[1] das Testamentsrecht von den Kaisern, wie der 1220 auf dem Reichstage zu Frankfurt von Friedrich II. gegebene, von Bischof Hartwig von Eichstätt mitunterzeichnete Freiheitsbrief ausweist.

Dem gesamten Klerus, also auch dem niederen wurde zuerst in der Kirchenprovinz Trier auf einer Synode des Jahres 1310 unbeschränkte Testirfreiheit eingeräumt. Der Diözese Trier folgte Münster im Jahre 1359[2].

In dem Eichstätter Fürstbistume[3] erhielten zuerst die Kapitel von Eichstätt und Herrieden Testirfreiheit durch die Kapitulation von 1259, worin der Bischof verpflichtet wird: „ut omnia iura et privilegia, immunitates et libertates, testamenta sive legata et consuetudines approbatas et bonas observet capitulo ecclesiae Eystettensis et Heridiensis." Dem Domkapitel strebte der Eichstätter Stadtklerus nach, der im Jahre 1314 die volle Testirfreiheit zugestanden erhielt[4].

Daß man schließlich daran dachte, dem ganzen Klerus des Fürstbistums Eichstätt Testirfreiheit zu gewähren, war neben dem Zwange der oben geschilderten Verhältnisse auch noch veranlaßt durch die Anregung der bayrischen Herzoge, die ihrerseits auf das Spoliationsrecht verzichteten[5]. So erklärte Herzog-

---

[1] Confoederatio cum principibus ecclesiasticis v. 1220 § 1: Primo promittentes, quod nunquam deinceps in morte cuiusquam principis ecclesiastici reliquias suas fisco vendicabimus; inhibentes etiam, ne laicus quisquam aliquo pretextu sibi eas vendicet, adcedant successori, si antecessor intestatus decesserit; cuius testamentum, si quod inde fecerit, volumus esse ratum. s. Schröder S. 416 Anm. 102; E. P.-Bl. 1854 S. 91; Falckenstein, cod. diplom. S. 63.

[2] Hollweck S. 10.

[3] Während der Sedisvakanz vom 13. V. bis 7. VI. 1259 stellte das Domkapitel in seinen Wahlkapitulationen auch diese Forderung auf, die dann durch Bischof Engelhard 1259 vermutlich Verwirklichung fand; siehe Sax S. 117 f.; E. P.-Bl. 1854 S. 91.

[4] Bischof Philipp v. Rathsamshausen ordnete durch Statut v. J. 1814 Form und Schutz der Testamente der Kanoniker an. s. Sax S. 201; E. P.-Bl. 1854 S. 91.

[5] Falckenstein, Bayern, III S. 154; s. E. P.-Bl. 1854 S. 91.

Otto von Niederbayern in der Handfeste vom Jahre 1311: „Und thun wir den Pfaffen die Gnad hiewieder, daß wir, noch kein unser Ambtmann, Edl- oder Un-Edlmann, keines Pfaffen Guet nach seinem Todt sich fürbaß nicht unterwinden soll, denn, was jeder Pfaff hinter ihm lett, da soll man seinen Geltern vergelten und den von dem andern geben, ob er jcht geschafft hat umb sein Seel, und was dan übrigs wird, das soll gefallen der Kirchen, da er ist aufgesessen, und soll man daß den Heiligen vund der Kirchen zur Besserung anlegen, nach der Zechleuth und anderer frommen Leuth Rath in der Pfarr: Welcher Pfaff aber ohne Geschäft verfuhr, so soll dem Guet, daß er lett allerding geschehen, als oben ist verschriben"[1]. Weiter ging Ludwig der Bayer, der 1325 den Klerikern einzelner Dekanate die Freiheit ausfertigte, ohne Behelligung der weltlichen Beamten frei über ihre Verlasseuschaft zu verfügen gegen Abhaltung eines Jahrtages für die verstorbenen Herzoge von Bayern.

Dies war die Gestaltung der Verhältnisse, als Fürstbischof Berthold daran ging, seinem ganzen Weltklerus Testirfreiheit in der Constitutio Bertholdiana zu gewähren.

Kapitel II.
Die Constitutio Bertholdiana nach ihrem Wortlaute.[1]

§ 5.

In nomine Domini, Amen.

Nos Bertholdus, Dei gratia Episcopus Eistettensis, ad universorum et singulorum praesentium et futurorum, ad quos praesentes pervenerint, notitiam volumus pervenire, quod quia inter sollicitudines nostras ista debet esse praecipua, ut laboribus nostris voluntariis prout ex debito pastorali tenemur officio quietum et pacificum statum nobis subjectis maxime personis Ecclesiasticis

---

[1] S. E. P.-Bl. S. 1854 S. 92.
[1] Manuskript im Ord.-Archiv Eichstätt. Die Const. Berth. erfuhr ihre erste Drucklegung durch Michael Reysner in Eichstätt im Jahre 1484 im Auftrage des Bischofes Wilhelm v. Reichenau. s. Fasc. 558 S. 55 im Bischöfl. Ord.-Archiv Eichstätt.

procuremus, ita quod Clerici nostri Cooperatores, officii una cum rebus ipsorum immunitate et remuneratione Ecclesiastica pacifice gaudeant, ut qui sponte obsequiis divinis et Ecclesiarum necessitatibus se subiiciunt nostris provisionibus consolentur: Sane quia quorundam laicorum non satianda cupiditas tam in vita, quam post mortem clericorum res et bona in Dei omnipotentis et Ecclesiasticae libertatis offensum praejudicium gravamen impudentes et potenter invadit totaliter occupat, adeoque violenter usurpat, quod aliquando, antequam anima migret a corpore ablatis lectis suppelectilibus et facultatibus aliis relinquantur corpora solo strato et qua tradantur Ecclesiasticae sepulturae, desit substantia, ut non decentes exequiae valeant celebrari.

Propter quod nonnulli clerici sumptus inutiles faciunt et maiores, dicentes, sibi nil velle in vita detrahere, ex quo post mortem rebus suis a laicis taliter spolientur et aggregata laboribus alieni diripiant, nec de eorum substantia provideatur domesticis vel amicis.

Unde societates clerici insolitas adeunt, sumptus superfluos subeunt, pauperibus erogenda vane dispergunt: nec ecclesiarum facultates, ut deberent, dispensantur.

Nos inculcatam sic saepe querelam ad animum revocantes laicali potentiae, uno insolentiae obviare ac aviditatis et praesuntionis morbo mederi et provide providere curantes pastorali suffulti praesidio deliberatione super hoc cum honorabilibus Rabnone Praeposito, Gottfrido decano et Capitulo nostro diligenti praehabita ipsorum accedentibus consilio et assensu statuimus et ordinamus authoritate ordinaria concedimus et praesentibus indulgemus, ut omnes et singuli Ecclesiarum Rectores, plebani et viceplebani capellarum et altarium capellani quique clerici saeculares nostrae Dioecesis disponendi et ordinandi de rebus suis mobilibus et immobilibus et easdem donandi, testandi legandi, vel coram duobus testibus idoneis suum testamentum condendi sui nominandi et accipiendi executores sui testamenti, qui de rebus ut praemittitur testantis disponere valeant, plena potestate gaudeant, et liberam habeant facultatem, prout suarum saluti congruere viderint animarum, absque tamen ecclesiarum et beneficiorum suorum, quas et quae obtinebant vel obtinent praeiudicio sive damno.

Et quidquid iidem nostrae dioecesis clerici vel eorum exe-cutores de rebus suis, ut praemittitur, quibuscunque disposuerint et ordinaverint, donaverint, vel pro sua expresserint ultima voluntate, id firmiter et inviolabiliter volumus observari et debitae exe-cutioni mandari. Et nec per nos vel successores aut officiales nostros imo nec per quamcunque personam Ecclesiasticam vel mundanam infirmari aliqualiter vel infrigi, mandantes et firmiter iniungentes ac praesentibus inhibentes omnibus et singulis praesentibus et futuris nobilibus et ignobilibus personisque ecclesiasticis et mundanis et specialiter nostris et Ecclesiae nostrae Castellanis, officialibus, iudicibus, praeconibus nec non quibuscunque aliis cuiuscunque conditionis seu status existant iurisdictionem a nobis vel nostris successoribus obtinentibus, nequis quempiam clericorum nostrae Dioecesis cuiuscunque gradus conditionis vel ordinis in personis vel rebus et contra perdictam libertatem perturbet, invadat aliquo modo, seu molestet in vita vel in morte. Si quis autem contra hanc nostram libertatem, statutum seu ordinationem attentare praesumserit omnipotentis Dei indignationem se noverit incursum, et nostram, seu successorum nostrorum non effugiet ultionem talemque ut rerum ecclesiasticarum spoliatorem per nostrum vel successorum nostrorum vicarium in spiritualibus vel officialem curiae Eystettensis, qui pro tempore fuerint usque ad restitutionem ablatarum et satisfactionem condignam excommunicari volumus, et taliter procedere nihilominus contra ipsum mediante iustitia iuxta sacrorum Canonum sanctiones, ut quem timor Dei a malo non revocat, Ecclesiasticae saltem coaerceat severitas disciplinae.

Si quis vero nostrae Dioecesis, ut praefertur propriae salutis immemor suum testamentum coram duabus personis fide dignis taliter non conderet et intestatus decederet, volumus et statuimus, quod de eiusdem intestati rebus et bonis relictis, si quid ultra solutionem debitorum et exequiarum suarum celebrationem supererit, disponatur per nos vel successores nostros secundum sacrorum et antiquorum patrum sanctiones, ac etiam secundum consuetudinem per Episcopos praedecessores nostros hactenus observatam.

Volumus etiam, quod in perpetuam huius nostrae libertatis concessionis et constitutionis memoriam per singulos decanatus

2

nostrae Dioecesis singuli decani, camerarii plebani et alias quomodolibet beneficiati, qui hac gaudere voluerint libertate, semel
duntaxat in anno videlicet secunda feria proxima post octavas
corporis Christi conveniant ad unam parochialium Ecclesiarum,
vel ad duas si convenienter ad unum locum omnes venire non
poterint singulis annis et perpetuo, et nihilominus ibidem duas
missas cum nota: Primam pro Episcopis benefactoribus et fidelibus
defunctis: Secundam pro salute vivorum Episcoporum et benefactorum et pacifico statu Ecclesiae; alii vero sacerdotes omnes
et singuli alteram earundem missarum sine nota prout uniuscuiusque conscientia dictaverit et devotio devote celebrent et
attente. Mandantes etiam firmiter et districte in virtute sanctae
obedientiae quatenus singulis annis et in talibus congregationibus
copia huius nostrae constitutionis per Decanos et Camerarios legatur
publice et aperte. Insuper districtissime prohibemus: ne in talibus
congregationibus ulla fiat per clericos et sacerdotes enormitas vel
excessus, cum vita clericorum esse debeat laicorum et simplicium
forma et specula. Unde sic unusquisque cui Deus suum talentum
credidit et dispensandum tradidit caute videat, neve scandali alieni
quoque reatus et occulti suis propriis excessibus cumulentur.

In quorum omnium testimonium et perpetuam roboris firmitatem praesentes litteras conscribi et nostri ac etiam capituli
nostri supradicti sigillorum appensione fecimus communiri.

Datum et actum Eystett, Anno Domini Millesimo Tricentesimo
sexagesimo quarto, in erastino sancti Martini Episcopi et Confessoris.

Kapitel III.
Inhalt und Vorschriften der Constitutio Bertholdiana.

§ 6.

Der Erlaß dieser Konstitution, die primär[1] gemäß dem mittelalterlichen Rechtsgrundsatze: „Stadtrecht bricht Landrecht, Landrecht bricht gemeines Recht" für die einschlägigen Rechtsverhältnisse im Fürstbistum Eichstätt maßgebend war[2], während

---

[1] Völderndorff S. 49 f.
[2] Die Const. Berth. war bestimmungsgemäß von jedem neuen Bischofe zu
konfirmieren. s. Ord.-Archiv Eichstätt Fasc. 558 S. 12.

erst sekundär das gemeine Recht[1] zur Anwendung kam, führte
einen erheblichen Umschwung in den Privatrechtsverhält-
nissen der Geistlichen herbei. Unter den Geistlichen waren
und sind nur die Weltgeistlichen[2] zu verstehen; denn die
Klostergeistlichen, die Mönche können nach kirchlichem Rechte
nach ihrer Profeß kein Testament mehr errichten, selbst wenn sie
später säkularisiert werden[3]. Ein vor der Profeß errichtetes
Testament oder eine sonstige letztwillige Verfügung wäre aber
vollständig bedeutungslos, da einerseits jemand zu Lebzeiten nicht
beerbt werden kann, andererseits aber der Mönch zufolge seines
Armutsgelübdes bei seinem Tode nichts hinterlassen kann. Der
Mönch war und ist also nach kirchlichem Rechte testirunfähig,
während ihm nach dem BGB. volle Testirfähigkeit zukommt, wie
er auch sonst nach gegenwärtigem Rechte im Besitze vollständiger
Rechts- und Handlungsfähigkeit ist.

———————

Die Constitutio Bertholdiana hatte Bestimmung getroffen
sowohl für die Fälle, wo ein Geistlicher eine Anordnung über
sein Vermögen traf, als auch für die Fälle, wo er ohne Hinterlassung eines letzten Willens starb.

a) Wollte ein Geistlicher über sein Vermögen verfügen, so
war er nach der Const. Berth. an keinerlei Schranken mehr ge-
bunden; er konnte nach seinem Gutdünken über bewegliche
und unbewegliche Güter frei bestimmen: „disponendi et ordinandi
de rebus suis[4] mobilibus et immobilibus . . . gaudeant plena potestate."

Zwar kannte ja auch das gemeine Recht[5] keinerlei Ver-
fügungsbeschränkungen des Erblassers, soweit er die gesetzlichen

———————

[1] Roth I S. 64, 118.
[2] Daß nur der Weltklerus privilegiert werden sollte, geht schon aus
der klaren und deutlichen Ausdrucksweise der Const. Berth. unmittelbar hervor;
denn Berthold spricht ausdrücklich von „clerici saeculares". s. auch Sax S. 244; .
E. P.-Bl. 1854 S. 93; ferner Fasc. 558 S. 12 Ord.-Archiv Eichstätt.
[3] Glauvell II S. 61 ff.; Hollweck S. 15; Friedberg S. 276.
[4] Zu den „rebus suis" gehören wohl auch die Benefizialfrüchte. Fasc.
558 S. 16 Ord.-Archiv Eichstätt.
[5] Roth III S. 216 ff.

Voraussetzungen[1] erfüllte, über sein Vermögen, nicht so aber das deutsche und das kanonische Recht.

Das alte deutsche Recht[1] gestand ursprünglich den Geistlichen — der Geistliche beanspruchte zu einer Zeit schon das Recht zu testamentarischen Verfügnngen, in welcher dasselbe für andere Personen noch längst nicht anerkannt war — welche im Siechbette lagen und nicht mehr imstande waren, das Geld abzuwägen oder andere Sachen aufzuheben, kein Testirrecht zu; man verlangte ursprünglich, daß derjenige, der über sein Vermögeu verfügen wollte, es im Gericht, im Freien, in der Oeffentlichkeit, aber nicht innerhalb seiner vier Pfähle tun sollte; denn, so meinte man, durch Verfügungen auf dem Kranken- oder Sterbebette, die möglicherweise nicht in voller geistiger Krankheit getroffen wurden oder doch dem Betreffenden selbst, wenn er wirklich kurz vor seinem Tode stand, keine Entbehrungen auferlegten, schädigte er er eben nur seine Erben und das sollte ihm verwehrt sein. Daher die verschiedenartigen Kraftproben, die in der naiv-realistischen Weise des Mittelalters als Bedingungen der Verfügungsfreiheit aufgestellt wurden:

Ein Mann mußte sich ohne fremde Hilfe, mit Schwert und Schild bewaffnet, auf das Roß schwingen, ein bestimmtes Stück Land umpflügen, eine Frau mußte bis zur Kirche gehen können.

Man mußte überhaupt imstande sein, einige Schritte vor sein Haus, vor seine Dachtraufe, ohne Stab und ohne Hilfe zu gehen.

Vor allem waren deshalb letztwillige Vergebungen auf dem Krankenbette, wenn jemand seinen baldigen Tod bereits vor Augen hatte, verboten oder gleichfalls an bestimmte Kraftproben geknüpft; z. B. war nur soviel zu vergeben gestattet, als der Kranke über das Bettbrett hinwegreichen konnte. Hier kam die Erwägung hinzu, daß, wie die Glosse zum Sachsenspiegel (I 52 § 2) sagt: „wi sin gut vorgift, als he is nicht mer gebruken ne mach, di vorgift nicht dat sin is, mer gift dat siner erve is." Später gab man einige Erleichterungen, indem man dem im Siechbette Liegenden auch Verfügungen zu seinem Seelenheile und Verfügungen über kleinere Summen zugestand.[2]

---

[1] Stobbe V S. 199.
[2] Stobbe V S. 204ff.; Hübner S. 732, 413, 72, 12.

Die Constitutio Bertholdiana[1] verlangte lediglich Vollbesitz der Geisteskräfte und kannte keine derartigen Beschränkungen. Auch konnte nach dieser Verordnung der Erblasser allein, nach seinem freien Ermessen über all sein Hab und Gut Verfügung treffen, während nach früherem deutschen Rechte auch die Zustimmung der nächsten Verwandten zu jedem gültigen Testamente erforderlich war, gleichviel ob dasselbe Mobilien oder Immobilien umfaßte[2].

Auch das kanonische Recht[3] legte den Geistlichen große Beschränkungen hinsichtlich ihrer Testirfreiheit auf. Nach demselben darf der Geistliche ungehindert nur über die bona patrimonialia, das heißt dasjenige Vermögen verfügen, welches er zufolge seiner Familienangehörigkeit oder als persönliches Geschenk erhalten hat, sowie über die bona industrialia, das heißt jene Güter, welche er sich durch körperliche Kunstfertigkeit, durch seine private Tätigkeit erworben hat. Nicht verfügen darf aber der Geistliche über Kirchengut und ferner über das „intuitu Ecclesiae" Erworbene, wozu sowohl das mit Hilfe von Kirchengut erlangte Vermögen zu rechnen ist (lucrum ex re) als auch alles mit Rücksicht auf seine kirchliche Stellung dem Geistlichen Zugekommene (lucrum ex occasione). Zu dem Kirchengut oder „geistlichen Vermögen" gehört aber

1. Das Pfründeeinkommen, mag dieses nun in Geldbezügen aus dem Benefizialfond oder in Nutzung von Grundstücken bestehen; auch natürliche Bezüge sind hieher zu zählen, z. B. Holzrechte u. s. w.; ferner die staatlichen Gehälter, weil sie eben mit Rücksicht auf das geistliche Amt geleistet werden.

2. Das Amtseinkommen für Kirchenämter, wenn sie den Charakter von Benefizien haben, insofern die betreffenden Gehälter aus Kirchenmitteln geleistet werden.

3. Das Accidentaleinkommen für besondere geistliche Dienstleistungen. Dahin sind zu zählen die Meßstipendien, die Stolgebühren, die Entschädigung für einzelne geistliche

---

[1] Fasc. 554, 558 Ord.-Arch. Eichstätt.
[2] Stobbe V. S. 114 ff.
[3] Friedberg S. 599 ff.; Hollweck S. 32 ff.; Glanvell II S. 275; Vering S. 795; Sägmüller S. 883 ff.

Funktionen, welche aushilfsweise oder aus Gefälligkeit übernommen werden, z. B. auf der Kanzel, bei Leichenbegängnissen, im Beichtstuhl u. s. w.; ferner zählen hieher die Opfergelder, Beichtzettelgelder und besondere Geschenke, welche bei bestimmten Anlässen gereicht werden. Bezüglich des Accidentaleinkommens der Geistlichen ist jedoch zu bemerken, daß den Geistlichen hinsichtlich der Verfügungsbefugnis über dasselbe die gleichen Rechte zustehen, wie hinsichtlich der bona patrimonialia und industrialia; man hat diese Güter darum auch bona quasipatrimonialia oder bona quasiindustrialia genannt.

b) Hinsichtlich der Art der Bestimmung über das Vermögen standen dem Geistlichen nach der Constitutio Bertholdiana verschiedene Möglichkeiten offen.

1. Entweder konnte er sich seiner Vermögensstücke noch bei Lebzeiten entäußern durch rechtsgeschäftliche Akte beliebiger Natur, sei es, daß es sich um entgeltliche oder unentgeltliche Rechtsgeschäfte handelte — er konnte ja auch sein Vermögen verschenken „donandi" — oder aber er konnte über sein Besitztum testamentarisch verfügen „testandi"[1].

2. Die testamentarische Verfügung konnte sowohl in der Weise stattfinden, daß der Geistliche seinen letzten Willen vor zwei Zeugen kund gab als auch dadurch, daß er Testamentsexekutoren zur Durchführung seines letzten Willens ernannte.

Die erstere Art der Testamentserrichtung kam der nach kanonischem Rechte verlangten Form in der Einfachheit ihrer Voraussetzungen ziemlich nahe. Das kanonische Testament[2], dessen gesetzliche Fixierung in einem Dekrete[3] Papst Alexander III. an

---

[1] Fasc. 558 S. 17 Ord.-Archiv Eichstätt.
[2] Friedberg S. 561 f.; Glanvell II S. 113 ff.; Thomas S. 4 ff.
[3] Es lautet: C. 10. X. de testam. (3, 26). Quum esse, frater episcope, in nostra praesentia constitutus, diligenti nobis narratione proposuisti, talem in tuo episcopatu consuetudinem obtinere, quod testamenta, quae fiunt in ultima voluntate, ab iis, qui potestatem habent super alios, penitus rescinduntur, nisi cum subscriptione septem vel quinque testium fiant, secundum quod leges humanae

den Bischof von Ostia gegen Ende des 12. Jahrhunderts erfolgte und das in seiner typischen Gestalt erst gegen Mitte des 14. Jahrhunderts erscheint, hat als öffentliches Testament zu gelten. Es verlangte für die äußere Form der Errichtung die Gegenwart eines Pfarrers, der als Amtsperson fungierte, sowie zweier Zeugen, die als Solemnitätszeugen zu gelten hatten. Wir sehen hier eine ganz bedeutende Abschwächung und Vereinfachung der äußeren Form zur Errichtung des Testamentes gegenüber dem römischen und gemeinen Rechte[1].

Abgesehen von dem Privattestamente, bei dem diese beiden Rechte eine Zeugenzahl von sieben Personen verlangten, machte das römische Recht die Gültigkeit eines öffentlichen Testamentes davon abhängig, daß der niedergeschriebene letzte Wille des Erblassers entweder dem Kaiser überreicht wurde oder dem Richter oder von demselben zu Protokoll genommen wurde, während das gemeine Recht[2] zur Gültigkeit des öffentlichen Testamentes voraussetzte, daß der Testator entweder vor Gericht eine mündliche Erklärung abgab und das Gericht eine Urkunde hierüber aufnahm oder daß er sein Testament enthaltende Schriftstücke dem Gerichte mit der Erklärung übergab, daß diese seinen letzten Willen enthalten und daß das Gericht diese Erklärung zu Protokoll nahm.

α) Die Anwesenheit von zwei Zeugen[3] genügte bei der Testamentserrichtung nach der Const. Berth. sowohl für den Fall, daß es sich um eine schriftliche, wie für den Fall, daß es sich um eine mündliche Erklärung des Erblassers handelte; denn mit den ·Worten: „coram duobus testibus idoneis testamentum con-

---

decernunt. Quia vero a divina lege et sanctorum patrum institutis, et a generali ecclesiae consuetudine id noscitur esse alienum; quum scriptum sit: „In ore duorum vel trium testium stet omne verbum", praescriptam consuetudinem penitus improbamus, et testamenta, quae parochiani vestri coram presbytero suo et tribus vel duabus aliis personis idoneis in extrema de cetero fecerint voluntate, firma decernimus permanere, et robur obtinere perpetuae firmitatis, sub interminatione anathematis prohibentes. ne quis praesumptione qualibet huius modi rescindere audeat testamenta." (Thomas S. 4.)

[1] Windscheid III S. 212 ff.
[2] Roth III S. 246 ff.
[3] Die Testamentszeugen können auch gleich Testamentsexekutoren sein. Fasc. 558 S. 18 Ordin.-Archiv Eichstätt.

dere" ist sowohl die schriftliche als die mündliche Form des Testamentes gemeint[1].

Es wurde aus Veranlassung[2] einer von einem Domkapitular
in dessen Schreibpult hinterlassenen, nicht vor zwei Zeugen errichteten oder anerkannten letztwilligen Verfügung behauptet, daß
bei schriftlichen letztwilligen Verfügungen die Errichtung vor zwei
Zeugen nicht erforderlich sei und daß der Gesetzgeber durch
„testandi" die schriftliche, dagegen durch „suum testamentum condendi" die mündliche Testamentserrichtung habe bezeichnen wollen.
Allein für die Begründung dieser Meinung ist keinerlei Anhalts-
punkt zu finden; denn „testari" bedeutet nichts weiter als den
Akt der letztwilligen Verfügung und „testamentum condere" sowohl die schriftliche als die mündliche Form einer letztwilligen
Verfügung. Der Gesetzgeber erachtet sowohl bei schriftlichen als
mündlichen Testamenten der Geistlichen seiner Diözese die Zuziehung
von zwei Zeugen als notwendig, indem er sagt: „Si quis vero
clericorum nostrae dioecesis, ut praefertur, propriae salutis immemor, suum testamentum coram duabus personis fide dignis taliter
non conderet, et intestatus decederet, volumus et . . .

Hier ist lediglich von einem vor zwei Zeugen errichteten
Testamente im Gegensatze des Versterbens ab intestato die Rede;
es ist kein Unterschied gemacht, ob die Testamentserrichtung
schriftlich oder mündlich erfolge; daraus folgt, daß unter dem
Ausdrucke „suum testamentum condere" sowohl die schriftliche
als die mündliche Form der Testamenserrichtung gemeint ist.

αα) In den Fällen der schriftlichen Disposition liegt es
im Sinne dieser Verordnung und wurde auch allgemein für erforderlich erachtet, daß der Testator, falls er seinem letzten Willen
Gültigkeit verschaffen wollte, sich ausdrücklich auf sein schrift-
liches Testament beziehen mußte[3], das heißt vor den Zeugen erklären mußte, daß das von ihm verfaßte oder unterschriebene
Schriftstück seinen letzten Willen enthalte[4]. Die vom Bischof

[1] Fasc. 558 Ord.-Archiv Eichstätt.
[2] Bl. f. R.-A. XIII S. 134 ff.
[3] E. P.-Bl. 1861 S. 189 ff.; Bl. f. R.-A. XXX S. 348.
[4] Jedoch ist der Erblasser nur für den Fall, daß er es gleichzeitig als
mündliches Testament gelten lassen will, verpflichtet, dasselbe den Zeugen
bekannt zu geben. s. Stapf S. 188.

Martin am 10. November 1700 erlassene Verordnung[1], die als eine authentische Interpretation der Constitutio Bertholdiana aufzufassen ist, sagt ausdrücklich dazu: „coram quibus (testibus) testator se ad hyrographum suum remittat."

Die Const. Berth, schreibt aber nicht vor, daß von dieser Erklärung im Testamente selbst ein Vermerk gemacht werden müsse, weshalb auch der Mangel dieser Bestätigung im Testamente als ein wesentlicher Mangel desselben nicht erscheint und das Testament trotzdem seine Gültigkeit bewahrt[2].

Hatte der Testator seinen letzten Willen selbst niedergeschrieben, so brauchte er von ihm nicht zur Beglaubigung unterzeichnet werden; nur dann, wenn er seinen letzten Willen bloß diktiert hatte, soll er zur Bestätigung seine Unterschrift und sein Siegel — in Gegenwart der Testamentszeugen — beisetzen: „Ad evitandas difficultates et contentiones, si forte nullam suorum facultatem constitutionem in scriptis confecisset, eam viva voce conficiat suaque syngrapha et suppresso sigillo confirmet", sagt eine später erfolgte Erläuterung dieser Const. Berth.

In derselben Erläuterung — der Verordnung des Bischofs Martin vom 10. XI. 1700 — wird desweitern ausgeführt, daß der Testator in diesem Falle auch seine Exekutoren unterschreiben und siegeln lassen solle, nicht der Gültigkeit wegen, sondern lediglich zur stärkeren Bekräftigung: „Et in firmius robur hanc suam constitutionem ultimae voluntatis a testamentariis subscribi et subsignari faciat[3]."

Erwähnenswert ist hier auch ein Generale an die Ruraldekane[4], worin diesen eingeschärft wird, dafür zu sorgen, daß der

---

[1] E. P.-Bl. 1854 S. 220 f.; Arnold I.
[2] E. P.-Bl. 1871 S. 49.
[3] E. P.-Bl. 1861 S. 199.
[4] Dieses Generale, das in die Zeit des 18. Jahrhunderts fällt — ein genauerer Datum ist nicht ersichtlich — hat folgenden Wortlaut: „Generale an Sammetl. HH. Decanes rurales hujatis Dioecesis. Erstl. sollen sie dahin bedacht seyn, daß der testirende oder legirende, so er zu schreiben sich in den stand befindet, seinen letzten Willen eigenhändig unterzeichne. Widrigenfalls aber 2tens hätten sie dergleichen letzten Willen mit Beysetzung der näheren deren gegenwärtige zweyen gezeuge auch anführung des Tags und Jahres fleißig aufzuzeichnen." s. Fasc. 557 S. 119 im Ord.-Archiv Eichstätt.

Testator seinen letzten Willen nach Möglichkeit immer eigenhändig unterzeichne, widrigenfalls aber obliegt ihnen die Pflicht,
den letzten Willen des Testators unter Anführung der Zeit und
Beisetzung der Namen der Zeugen aufzuzeichnen.

Was die rein äußere Form[1] der Testamente anlangt, so
sollte hier eine gewisse Ordnung eingehalten werden; das Testament sollte einen „Eingang", einen „Inhalt" und einen „Schluß"
haben.

Im Eingange, nach vorausgeschickter Anrufung des gött-
lichen Namens, sagt der Erblasser, daß er in gegenwärtiger Schrift
seinen letzten Willen niederlegen wolle.

Der Inhalt des Testamentes sollte in der Erbeinsetzung und
in den Vermächtnissen bestehen.

Am Schlusse waren die Testamentsexekutoren zu benennen;
auch konnten hier noch etwaige Klauseln beigefügt werden, wie
z. B. die Kodizillarklausel. Nach dem letzten Vortrage war das
Testament von seiten der Zeugen mit Vor- und Zunamen zu unterschreiben; vor ihren Namen hatten sie ihr Insiegel[2] zu setzen.

Die Freiheiten, die die Const. Berth. dem Klerus hinsichtlich
der Abfassung der Testamente zugestanden hatte, warèn auch
analog den für die Testamentserrichtung maßgebenden Vorschriften
auf die bei Errichtung von Kodizillen zu beobachtende Form auszudehnen[3].

ββ) Neben der schriftlichen Form der Testamentserrichtung genügte es zur Gültigkeit des Testamentsaktes auch, wenn der
Testator mündlich vor zwei Zeugen seinen letzten Willen kundgab,
ohne daß irgendwie, sei es von seiten des Erblassers oder der
Zeugen, eine schriftliche Niederlegung erforderlich war. Allerdings
dürfte es wohl keinem Zweifel unterliegen, daß diese Zeugen zur
Unterstützung ihres Gedächtnisses über die Erklärungen des Erblassers für sich Aufzeichnungen machen konnten und durften. Allein

---

[1] Fasc. 558 S. 18 Ord.-Archiv Eichstätt; Stapf S. 185f., 188 f.

[2] Zu Insiegeln durften keine Münzen verwendet werden; ist der Zeuge
mit einem ordentlichen Siegel nicht versehen, so kann er sich des Siegels eines
anderen Zeugen bedienen mit der daneben gesetzten Bemerkung, daß er dieses
mangels des eigenen Siegels getan habe. s. Stapf S. 189.

[3] Diese Grundsätze galten außer in der Diözese Eichstätt auch für die
Geistlichen der Diözesen Würzburg, Mainz und Fulda. s. Roth III S. 311.

irgendwelche Beweiskraft konnte diesen Aufzeichnungen selbst-
verständlich nicht beigemessen werden und war auch gar nicht
notwendig, da der Inhalt dieser Schriftstücke ja wohl ebenso gut
auch mündlich durch die bei Abgabe des letzten Willens anwesenden Zeugen bestätigt werden konnte.

Etwas anderes freilich war es, wenn nicht bloß Bruchstücke,
sondern die ganze letztwillige Erklärung des Erblassers von den
Zeugen zu Papier gebracht wurde[1]. Hiebei war bezüglich des
Inhaltes und der Schlußform dieselbe Ordnung einzuhalten, wie
beim schriftlichen Testamente. Ein kleiner Unterschied bestand
nur darin, daß am Schlusse lediglich die Zeugen — nicht auch der
Erblasser — zu unterschreiben und zu siegeln hatten und daß
schließlich noch die Bemerkung beigefügt wurde, daß alles dieses
von dem Erblasser wortgetreu geredet und von ihnen, den ausdrücklich erbetenen und zu gleicher Zeit gegenwärtigen Zeugen
wohl verstanden worden sei.

Die Tatsache nun, daß den bloß mündlichen Angaben der
Testamentszeugen über den Inhalt der letzten Willenserklärung
des Erblassers so hohe Bedeutung beigemessen werden mußte, daß
diesen Erklärungen gemäß über den Nachlaß entsprechend verfügt
wurde, machte erforderlich, daß man bestimmte Voraussetzungen
sowohl hinsichtlich der Qualität dieser Zeugen, als auch hinsichtlich des Vorganges bei der letzten Willenserklärung
überhaupt aufstellte.

Was die Eigenschaft dieser „testes" anbelangt, so mußten
sie „idonei" sein, was nach den Quellen[2] nicht bloß die volle
Handlungsfähigkeit dieser Personen bedingte, sondern womit vor
allem auch ihre Wahrheitsliebe und Glaubwürdigkeit[3] gemeint
ist, so daß ein Mißbrauch des in sie gesetzten Vertrauens als ausgeschlossen betrachtet werden konnte.

Ob als Zeugen nur Geistliche oder ob als solche auch Laien
in Betracht kommen konnten, ist zwar in der Const. Berth. nicht
klar zum Ausdrucke gebracht, allein nach dem Sinne des
Gesetzes und der herrschenden Gepflogenheit dürfte es sich

---

[1] Stapf S. 191 f.
[2] Fasc. 558 S. 18 Ord.-Archiv Eichstätt; Stapf S. 178 ff.
[3] Fide dignis heißt es in der Verordnung Bertholds.

wohl nur um Geistliche handeln, was schon daraus hervorgehen
dürfte, daß es als auffallend vermerkt wurde, daß aus Anlaß des
von dem im Jahre 1793 verstorbenen Pfarrer Franz Joseph
Hiermeier in Pleinfeld errichteten Testamentes nicht zwei Geistliche, sondern zwei Pleinfelder Bürger als Testamentszeugen zugezogen wurden[1].

Allerdings muß hier auch in Betracht gezogen werden, daß
durch Verordnung des Bischofs Martin vom 10. November 1700[2],
worin die Const. Berth. interpretiert wird, ausdrücklich bestimmt
wurde, daß nur Kapitelsmitglieder als Zeugen beigezogen werden
können: „In testamentarios (autem) duos de confratribus Capituli
adsciscat." Hiemit ist aber keineswegs gesagt, daß vorher unterschiedslos Geistliche wie Laien als Testamentszeugen beigezogen
werden konnten; es konnten eben statt der Kapitelsmitglieder
beliebige andere Geistliche verwendet werden.

Genauere Festsetzungen darüber, wer als Zeuge zugezogen
werden bezw. wer als solcher nicht in Betracht kommen kann,
sind in der Const. Berth. nicht getroffen, ganz im Gegensatze zu
anderen Rechten, die hierüber ganz ins Einzelne gehende Bestimmungen aufzuweisen haben.

So zählt das gemeine Recht[3] in enger Anlehnung an das
römische Recht, nach welchem nur derjenige als Zeuge bei der
Testamentserrichtung fungieren konnte, der die testamenti factio
besaß, ausdrücklich diejenigen auf, die unfähig sind, Testamentszeugen zu sein und benennt als solche:

1. Wahnsinnige, Taube, Stumme und bezüglich des schriftlichen Testamentes Blinde;
2. Frauen und Geschlechtsunreife;
3. intercidierte Verschwender;
4. der Erbe und der mit dem Erben durch väterliche Gewalt
   Verbundene;
5. diejenigen, denen die bürgerlichen Ehrenrechte ab-
   erkannt sind.

---

[1] E. P.-Bl. 1861 S. 201.
[2] Arnold I, 316f.
[3] Roth III S. 61 ff.; Windscheid III S. 215 ff.

Das kanonische Recht[1] schloß sich hinsichtlich der persönlichen Eigenschaften der Testamentszeugen ganz an das römische Recht an.

Einen weniger engherzigen Standpunkt nahm das deutsche Recht[2] in seiner späteren Entwicklung ein — ursprünglich kannte es überhaupt kein Testament —, das hinsichtlich der persönlichen Eigenschaften der Zeugen lediglich verlangte, daß die Verlautbarung des Testators zu geschehen habe vor zwei Ratsmannen oder zwei Schöffen; es genügte auch, wenn es zwei oder drei ehrbare, angemessene Leute waren, vor denen die Erklärung mündlich abgegeben oder schriftlich zu Protokoll gebracht wurde.

Was den ganzen äußeren Charakter der Testamentszeugen anlangt, so faßte sie das gemeine Recht[3] sowohl als Beweiswie auch als Sollemnitätszeugen auf, während sie das deutsche Recht[4] nur als qualifizierte Beweiszeugen betrachtete.

Das kanonische Recht[5] dagegen ließ sie nur als Sollemnitätszeugen gelten — abgesehen von dem Falle, wenn das Testament bloß vor dem Pfarrer errichtet wurde; hier gilt der Pfarrer als Beweiszeuge —, und hierin ist ihm die Const. Berth.[6] gefolgt, welche die Testamentszeugen gleichfalls nur als Sollemnitätszeugen anerkannte.

Bezüglich des ganzen Vorganges bei der letzten Willenserklärung war auch die Const. Berth. sowohl universitas actus als auch rogatio testium erforderlich[7].

Die Einheit der Handlung mußte vollständig gewahrt werden; es durfte keine fremde Handlung dazwischen vorgenommen werden. Wenn der Testamensakt notwendigerweise hatte unterbrochen werden müssen, so mußte nach der Unterbrechung wieder von vorne angefangen werden und zwar wurde hier unterschieden zwischen schriftlichen und mündlichen Testamenten.

---

[1] Glanvell II S. 117.
[2] Stobbe V S. 209 ff.
[3] Roth III S. 258; Windscheid III S. 215.
[4] Stobbe V S. 210.
[5] Glanvell II S. 116.
[6] E. P.-Bl. 1861 S. 199.
[7] Fasc. 558 S. 18 Ord.-Archiv Eichstätt.

Bei schriftlichen Testamenten fängt der eigentliche Testamentsakt da an, wo der Erblasser seinen letzten Willen zur Unterschrift vorlegt, und hört da auf, wo der letzte Zeuge unterschrieben und gesiegelt hat; bei mündlichen Testamenten fängt die Handlung in dem Zeitpunkte an, wo der Erblasser die Zeugen ersucht, seinen letzten Willen anzuhören, und hört da auf, wo diese letzte Willenserklärung ihr Ende erreicht hat[1].

Der Testamentsakt endete damit, daß das Testament in Gegenwart beider gleichzeitig anwesenden Zeugen[2], die zu diesem Akte ausdrücklich zu ersuchen und aufzufordern waren — specialiter rogati — vom Erblasser unterzeichnet wurde.

Ob nun diese Grundsätze aus einem anderen Rechte, vielleicht aus dem kanonischen Recht, herübergenommen wurden oder ob sie aus freien und unabhängigen Bestimmungen hervorgegangen sind, ist schwer zu entscheiden.

Das gemeine Recht[3] verlangte, daß die Zeugen keine bloß zufälligen und keine unfreiwilligen seien; sie mußten „testes ad testamentum adhibiti" sowie „testes in conspectu testatoris" sein, d. h. sie müssen den Erblasser wahrnehmen können; ferner mußte beim schriftlichen wie mündlichen Testamente die Handlung ohne Unterbrechung — uno eodemque die — beendigt werden.

Nach früherem deutschen Rechte[4] durften ebenfalls keine bloß zufälligen Zeugen zur Testamentserrichtung verwendet werden, sondern nur „testes tracti", bei den Bayern „testes per aures tracti", die rechtsförmlich aufgefordert werden mußten, entweder zu unterschreiben oder die Hand auf die Urkunde zu legen. Auch nach kanonischem Rechte[5] mußten die Zeugen zu ihrer Mitwirkung bei der Testamentserrichtung eigens aufgefordert werden. Außerdem war erforderlich, daß der ganze Akt der Testamentserrichtung

---

[1] Stapf S. 179.

[2] Die Zeugen mußten sich so vor den Erblasser stellen, daß sie sich überzeugen konnten, daß kein Betrug möglich sei; wenn die Zeugen den Erblasser nicht sahen, weil es im Zimmer nicht genügend hell oder zwischen ihnen und dem Erblasser eine Wand, ein Vorhang ist, so ist das Testament mangels Gewißheit des Willens ungültig. s. Stapf S. 179; Bl. f. R.-A. XXX, S. 348 ff.

[3] Roth III S. 263 f.; Windscheid III S. 215.

[4] Schröder 87 10, 275, 375.

[5] Glanvell II S. 116.

an einem und demselben Orte ohne wesentliche Unterbrechung
vor sich gehe.

Während nun nach dem Obigen die Anwesenheit zweier
Zeugen bei der Testamentserrichtung nach der Const. Berth.
als ein wesentlicher Bestandteil dieses Rechtsgeschäftes aufzufassen
ist, hält ein von dem Domkapitel Eichstätt im Jahre 1367, also
kurze Zeit nach dem Erscheinen des Bertholdianums, abgefaßtes
Statut, das als eine Erläuterung desselben zu gelten hat, die Form
„coram duobus testibus“ nicht als unbedingt notwendig und erklärt
ausdrücklich, daß das Nichteinhalten derselben noch keineswegs
die Ungültigkeit eines Testamentes nach sich ziehe[1]. Es galt
darnach für die Hauptsache, daß der Wille des Testators be-
wiesen werden könne, sei es, daß derselbe persönlich verfügte
oder durch öffentliche Urkunde, die gesiegelt wurde mit seinem
eigenen Siegel oder mit dem seines Amtes oder eines unbescholtenen
Mannes oder aber daß sein Wille bloß durch Zeugen beglaubigt
wurde. Die entsprechenden Stellen in diesem Statute lauten: „Nolumus per praedictam formam testamenti nos omnes et singulos
praecise adstringere ad eandem formam tantummodo observandam
ordinamus, statuimus, ratificamus: Quilibet potest per se disponere,
testare, legare et dare in scripto res suas — per instrumentum
publicum aut litteram proprio sigillo vel nostro ad causas seu
utroque, vel alterius honesti viri sigillatum vel per idoneos testes.“

Nach dieser Erläuterung sind also die Zeugen nicht ad
valorem, sondern lediglich ad probationem testamenti[2] erforderlich, so daß in den Fällen, in welchen unzweifelhaft aus
einer bloßen schriftlichen Erklärung der letzte Wille des Testators
klar hervorging, auch das Testament keiner weiteren Beglaubigung
mehr durch Zeugen bedurft hätte.

Demgegenüber muß aber festgestellt werden, daß diese Erläuterung eine Abweichung von der gesetzlichen Vorschrift
der Const. Berth. enthält, daß sie, wie später noch dargelegt
wird, zwar den Ausgangspunkt gewohnheitsrechtlicher Normen
bildete, jedoch keineswegs mit den Intentionen des Gesetzgebers
übereinstimmt; denn in der Verordnung Bertholds ist ausdrücklich

[1] E. P.-Bl. 1861 S. 189 ff.
[2] E. P.-Bl. 1861 S. 199.

die Zuziehung von zwei Zeugen verlangt: „coram duobus
testibus" und auf das Klarste zum Ausdrucke gebracht, daß ein
Testator, der sein Testament nicht in der vorgeschriebenen Weise,
in Gegenwart zweier Zeugen, errichtet haben sollte, als intestatus,
als ohne Testament verstorben, gelten sollte: „Si quis suum testamentum coram duobus testibus taliter non conderet et intestatus
decederet."

β) Um die Durchführung seines letzten Willens sich zu sichern,
genügte es aber auch neben den Formen der mündlichen und
schriftlichen Testierung vor zwei Zeugen, wenn der Testator
Testamentsvollstrecker benannte und aufstellte, die in
seinem Sinne über den Nachlaß zu verfügen hatten[1]. Die be-
treffende Stelle in der Const. Berth. lautet: „Nominandi et accipiendi
executores sui testamenti, qui de rebus testantis disponere valeant."

Es ist dies hier kein neuer Gedanke, den der Gesetzgeber
in dieser Verordnung aussprach; denn das Institut der letztwillig
ernannten Testamentsvollstrecker zum Zwecke des Vollzuges des
letzten Willens des Erblassers weist schon auf altdeutsche
Rechtseinrichtungen zurück. Dem römischen Rechte unbekannt[2],
hat sich das Institut der Testamentsvollstrecker[3] auf grund altdeutschen[4] Gebrauches parallel dem der Selmannen in Deutschland
und den römischen Ländern entwickelt. So wie jemand eine Ver-
gabung von Todeswegen machte, sein Gut oder sein Vermögen oft
einer Mittelsperson, einem Selmanne mit dem Auftrage überlieferte,
nach seinem Tode die Zuwendung an den Bedachten zu vollziehen,
so war es auch nach dem Aufkommen der Testamente seit dem
12. Jahrhundert Gebrauch, daß der Testator einzelne Personen
in seinem letzten Willen ernannte, welche denselben auszuführen

---

[1] Fasc. 558 S. 20 im Ord.-Archiv Eichstätt.

[2] Das römische Recht kannte letztwillig erklärte Vollstrecker testamen-
tarischer Anordnuugen nur im Sinne von Vermächtnisnehmern, welche das ihnen
Hinterlassene herausgeben oder in gewisser Weise verwenden sollen. s. Windscheid III S. 295.

[3] Testamentsvollstrecker kommen unter den mannigfaltigsten Namen vor,
welche die verschiedenen Seiten ihrer Stellung und Tätigkeit bezeichnen: Selmannen, treuhänder, manufidelis, Seelwärter, selgereter, testamentarius, executor
testamenti, ordinarius testamenti u. s. w. Stobbe V S. 262; Hübner S. 736 ff·

[4] Stobbe V S. 260 ff.

hatten; besonders war dies bei Testamenten der Kleriker die Regel, daß der Testator solche Vollzugspersonen bezeichnete. Man glaubte ihrer um so mehr zu bedürfen, als man bei der Neuheit der Testamente in manchem Falle befürchten mochte, daß die nächsten Verwandten sich dem Wunsche des Testators nicht bequemen würden. Deshalb beförderte auch die Kirche die Ausbildung des Institutes.

Die Befugnisse des Testamentsvollstreckers richteten sich zunächst nach dem Auftrage des Testators. Der Testamentsvollstrecker soll sich nach dem Tode des Testators in den Besitz des Nachlasses setzen; er hat die Erbteilung zu bewirken, das Begräbnis anzuordnen, die Gläubiger des Erblassers zu befriedigen, die Legate auszuzahlen, Forderungen einzubringen, den Inhalt des Testamentes zu vertreten und überhaupt alle auf den Nachlaß bezüglichen Rechtshandlungen mit derselben Wirkung vorzunehmen, wie es der Testator selbst hätte tun können.

Die Bestellung[1] der Testamentsexekutoren, deren gewöhnlich mehrere ernannt wurden, erfolgte im Testamente.

Diese Grundsätze des deutschen Rechtes gingen im Großen und Ganzen in das gemeine Recht[2] über und wurden auch Bestandteil des kanonischen Rechtes.

Die hauptsächlichste Bedeutung des Institutes der Testamentsvollstrecker, das nach kanonischem wie gemeinem[3] Rechte nach den Grundsätzen des Mandates behandelt wurde, lag nach kanonischem Rechte[4] darin, daß den Testamentsvollstreckern, die meistens Geistliche waren, auch die Verfügung über den ganzen Mobiliarnachlaß oder ein ganzes Immobiliarvermögen gegeben werden konnte, daß diese sonach in die Stellung eines Universalexekutors einrückten, also eine bedeutsame Steigerung und Entwicklung dieses Amtes gegenüber der deutschrechtlichen oder gemeinrechtlichen Auffassung.

Das kanonische Recht verlangte, wie es ja auch im deutschen

---

[1] Die Bestellung konnte ebenso wie das Testament zurückgenommen werden s. Stobbe V S. 265.
[2] Roth III S. 800 ff.
[3] Klapproth S. 110.
[4] Glanvell II S 144, 203.

und gemeinen Rechte der Fall war, daß die Testamentsvollstrecker
bei Durchführung der letztwilligen Anordnungen in erster Linie
auf den Willen des Erblassers Rücksicht zn nehmen hatten.-
Dunkle und zweifelhafte Bestimmungen hatten die Testamentsvollstrecker im mutmaßlichen Sinne des Erblassers zu entscheiden; war es jedoch unmöglich, den Willen des Erblassers zu
erfüllen, so hatten die Testamentsvollstrecker im Vereine mit dem
Bischofe unter möglichster Wahrung der Absichten des Verstorbenen
das Vermachte einem ähnlichen Zwecke zuzuführen.

Die Hauptgrundzüge der im kanonischen Rechte über das
Amt des Testamentsvollstreckers ausgebildeten Bestimmungen finden
auch in der Const. Berth. entsprechende Berücksichtigung und
kommen dort zu ihrer vollen Geltung. Auch nach der Const. Berth.
hatten die Exekutoren, die, wie ein vom Domkapitel Eichstätt im
Jahre 1367 erlassenes Statut näher ausführt, vom Erblasser in
Gegenwart zweier Zeugen benannt werden mußten[1], wobei
jedoch Abwesenheit von dem Akte der Ernennung kein Hinderungs-
grund für ihre rechtsgültige Bestellung[2] war, bezüglich der Verteilung der Hinterlassenschaft sich strenge an den ihnen bekannten
Willen des Erblassers zu halten. War ihnen ein solcher Wille aber
nicht bekannt, so konnten sie nach ihrem freien Belieben einzig
und allein unter Berücksichtigung des Seelenheiles des Erblassers über den Nachlaß bestimmen. In der Verfügungsbefugnis
über die Verlassenschaft waren sie also dem Testator vollkommen

---

[1] E. P.-B. 1861 S. 190.

[2] Die Testamentsexekutoren mußten in einem sog. Kapitelbuche, dem
liber libertatis, das bei den einzelnen Dekanaten geführt wurde, von seiten eines
jeden geistlichen Testators, der zu dem betreffenden Kapitel gehörte, eingetragen
werden. Falls der Testator späterhin eine Aenderung in der Wahl seiner Exekutoren eintreten ließ, so mußte er dies in dem liber libertatis genau berichtigen.
In einem Generale vom 29. XI. 1758, das an sämtliche Ruraldekanate gerichtet
war, wird nun bewegte Klage darüber geführt, daß die Testatoren von den ein-
getretenen Veränderungen in der Person ihrer Exekutoren in dem Kapitelbuche
keinerlei Vermerk machen. Es wurde deshalb bestimmt, daß „ein dergleichen
errichtet letztwillige Disposition tanquam deficiente forma allerdings von keiner
gültigkeit seye, wie den auch derley vermeintliche Testamente vor null und
nichtig anmit ausdrücklich erklärt werden". Fasc .557 S. 148 ff.; Fasc. 558 S. 30
im Ord.-Archiv Eichstätt; E. P.-Bl. 1872 S. 62.

gleichgestellt[1] und ihren diesbezüglichen Verordnungen mußte in derselben Weise stattgegeben werden, wie wenn sie von seiten des Erblassers selbst erfolgt wären, was auch klar nnd deutlich aus der Bestimmung der Const. Berth. hervorgeht, welche besagt:: „Et quidquid iidem nostrae dioecesis clerici vel eorum executores de rebus suis disposuerint et ordinaverint, id firmiter et inviolabiliter volumus observari et debitae executioni mandari."

Zu dieser Bestimmung bemerkt die im Jahre 1700 erlassene Verordnung[2] des Bischofs Martin, daß die Testamentsvollstrecker in Ausübung ihres Amtes getreulich zu Werke gehen sollen, und sie legt ihnen ans Herz, zu dem Akte der Entsiegelung, der Aufnahme des Inventars, oder zu einem sonstigen Vollzuge des Testamentes keinerlei weltliche oder bürgerliche Obrigkeit zuzulassen, indem sie ausführt:

„Monentur ad extremum testamentarii, ut in huius modi testamentorum executione fideliter praedant. Caveant etiam testamentarii, ne ad similes actus obsignationis, refixionis, inventarii confectionis, aut cuiuscunque executionis testamentariae saeculares officiales, vel magistratus civiles admittant."

Nach dem Tode des Testators war die ganze Verlassenschaft den Testamentsexekutoren auszuantworten, mithin die Inventarisation, Lizitation, Teilung und alle Handlungen, die die Erfüllung des letzten Willens des Erblassers bezwecken, nicht dem Gerichte in bloßer Gegenwart des Testamentsvollstreckers, sondern diesem letzteren allein zuzugestehen[3].

§ 7.

Voraussetzung für alle letztwilligen Verfügungen der Geistlichen in den oben geschilderten Formen bildete die Bestimmung in der Const. Berth., daß dabei ohne Benachteiligung der

---

[1] Daher geschah es auch, daß die Testamentsexekutoren Stiftungs-, Schenkungsbriefe und andere Dokumente ausstellten. s. Fasc. 558 S. 20 Ord.-Archiv Eichstätt.

[2] Abgedruckt bei Arnold I S. 320 f.

[3] E. P.-Bl. 1854 S. 100. Erkenntnis des k. b. Oberappellationsgerichtes vom 20. XII. 1815.

Kirchen und Pfründen verfahren werde[1]: „Prout suarum salute congruere viderint animarum, absque tamen ecclesiarum praeiudicio sive damno."

Es scheint aber, daß der Klerus nach der Zeit Bertholds den Nachdruck einzig und allein auf die „plena potestas disponendi" gelegt und das Erfordernis des „in salutem animarum" gar nicht beachtet habe, wodurch sich allerdings ein praeiudicium et damnum ecclesiae erklären läßt.

Nach kanonischem Rechte konnte der Bischof von allen Vermächtnissen ad pias causas den vierten Teil, die sog. portio canonica[2], erheben; dieses Recht des Bischofs suchte nun der Klerus des Bistums Eichstätt dadurch zu umgehen, daß er nur mehr profane Vermächtnisse machte. Dies veranlaßte den Bischof Johann III. (1545—1564), vom Papste Pius II. die Bewilligung zu erwirken, vermutlich im Jahre 1547 (s. Sax S. 323), daß Geistliche ohne Berücksichtigung der piae causae testieren können, daß sie aber von allen Vermächtnissen, welcher Natur diese auch seien, die portio canonica zu erstatten hätten[3]. Von dieser Verpflichtung befreiten sich jedoch das Domkapitel und der übrige Klerus der Stadt Eichstätt durch die Wahlkapitulationen und die Bischöfe beschworen seit dem Jahre 1497: „auch wollen wir nach der Pfaffen der Stadt Eystet und aller andern Pfaffen deß Stiffts thödtlichen abgang von Ihres verlassen hab nichts begehren oder nehmen durch keinerlei fürnehmen noch verwandte gerechtigkeit, genannt canonica portio, wie daß jemand erdenkhen mag, doch muß vorbehalten solch gerechtigkeit, die wir haben an den Pfaffen außerhalb Eysted und auf dem land, gütern und Garben, wenn Sie ohne redlich geschafft nach form Ihrer freyheit abgen."

Späterhin diente die portio canonica zur Besoldung des geistlichen Rates. Von Bayern wurde die Befugnis, sie zu erheben,

---

[1] Der Testator darf kein ständiges Recht, noch viel weniger Immobilien, die den fundus Parochialis ausmachen, verkaufen, vertauschen, wesentlich verändern oder wie immer für die Pfarrei vergeben. Fasc. 558 S. 19 Ord.-Archiv Eichstätt; s. auch E. P.-Bl. 1854 S. 94.

[2] Die portio canonica war nicht immer genau $^1/_4$; sie betrug je nach der gewohnheitsrechtlichen Feststellung auch $^1/_8$ oder $^1/_2$, manchmal sogar nur $^1/_{10}$ des ad pias causas ausgesetzten Betrages. s. Glanvell II S. 153 ff.

[3] E. P.-Bl. 1854 S. 94.

nur für den Teil der Diözese Eichstätt, der im Jahre 1803 an den Großherzog von Toskana abgetreten wurde, anerkannt[1], aber gleichzeitig auf fünf Prozent herabgemindert[2].

Daß nun das ganze Testamentswesen der Geistlichen, so wie es die Verordnung bestimmte, richtig gehandhabt wurde, daß die den Geistlichen zugestandene Testirfreiheit in keiner Weise beeinträchtigt wurde, dafür hatte nach der Bestimmnng der Const. Berth. der Bischof zu sorgen[3]. Das ganze Testamentswesen wurde also unter den Schutz des Bischofs gestellt; dieser hatte vor allem jeden Eingriff in diese Rechte mit den ihm zu Gebote stehenden Mitteln abzuwehren. Der Bischof bestätigte das Testament, in seinem Namen wurde es von den Exekutoren vollstreckt, ihm hatten diese Rechenschaft über den Vollzug zu geben.

Dieses Recht des Bischofs erfuhr jedoch bald Einschränkungen mit der Notwendigkeit der Obsignation des Nachlasses, was der weltlichen Regierung Veranlassung zu einem Eingreifen in die nach der Const. Berth. erlassenen Bestimmungen gab. So entstanden schon zu Beginn des 16. Jahrhunderts ernste Streitigkeiten zwischen den Bischöfen und Bayern, indem letzteres das Obsignationsrecht für sich in Anspruch nehmen wollte.

Während nun die Differenzen in andern Diözesen durch Konkordate oder Spezialverträge geregelt wurden, behauptete Eichstätt sein Obsignationsrecht gegen alle Angriffe und erklärte im Rezeß von 1638 und 1654: „daß solche Obsignation nf jede begebente fähl durch nächstgelegene geistliche vorgenommen, das unnöthig seyn werde, (daß) sich die weltlich Beamten damit beladen, wenn aber hierin Mangel Erscheinen möge, alßdann die weltlich Beamten allein die obsignation interim vornehmen"[4].

Erst Ende des 18. Jahrhunderts setzte Bayern mit Gewalt[5] in dem oberpfälzischen Gebietsteile des Bistums Eichstätt

[1] Roth III S. 642 ff.
[2] Hergenröther-Hollweck S. 881. Sägmüller S. 517. Richter-Dove-Kahl S. 882. Vering S. 575.
[3] Fasc. 558 S. 20 Ord.-Archiv v. Eichstätt; E. P.-Bl. 1854 S. 94.
[4] E. P.-Bl. 1854 S. 95.
[5] Dies geschah auf Grund eines im Jahre 1784 erlassenen Gesetzes. Churfürst Karl Theodor hat nämlich am 2. XII. 1784 ein sog. Normale erlassen, „um den sich täglich äußernden Mißständen und Schwierigkeiten in den geistlichen

sein Obsignationsrecht durch, wogegen von seiten Eichstätts, und dabei mußte es mangels anderer wirksamer Machtmittel bleiben, ein scharfer Protest eingelegt wurde. Schließlich erklärte Bayern durch landesherrliches Reskript vom 2. Mai 1796, daß lediglich das Gericht die Publikation der Testamente der Geistlichen vorzunehmen habe, nachdem dort auch die Hinterlegungsstelle für die Testamente sich befand; am 15. September 1798 wurde dem Bischofe die alleinige Exekution der Testamente ad pias causas entzogen.

Obsignation, Genehmigung, Eröffnung und Bestätigung wurden nunmehr dem weltlichen Richter zugewiesen; den Exekutoren blieb nur mehr das Recht der Inventur, des Verkaufes und der sonstigen Bereinigung[1].

§ 4.

Bischof Berthold hatte jedoch nicht allein für die Fälle, wo ein Geistlicher testatus, mit Hinterlassung seines letzten Willens, nach einer in der vorgeschriebenen Form erfolgten Testamentserrichtung starb, in seiner Const. Berth. ausreichende Bestimmungen erlassen, sondern er hatte auch die Fälle berücksichtigt, wo ein Kleriker intestatus, ohne Hinterlassung eines Testamentes verschied[2]. Die einschlägige Bestimmung lautet: „Siquis vero clericorum nostrae Dioecisis . . . suum testamentum coram duobus personis fide dignis taliter non conderet et intestatus decederet volumus et statuimus, quod de eiudem intestati rebus et bonis relictis . . . disponatur per nos vel seccessores nostros secundum sacrorum et antiquorum patrum sanctiones."

Es soll also nach den Satzungen der hl. Canones verfahren werden[3]. Nach diesen aber stand — im Konzil von Toledo vom Jahre 655 wird dies ausdrücklich erwähnt — der Kirche ein unbeschränktes Intestaterbrecht gegen den Nachlaß des bei

Verlassenschaften" abzuhelfen, indem er bestimmte, daß von dem Churfürstl. Beamten und dem Bischöfl. Kommissär die Obsignation, Ausfallschätzung, gemeinschaftlich vorgenommen werde und das Testament von diesen beiden gemeinschaftlich publiziert werde. s. Fasc. 558 S. 59 f. im Ord.-Archiv Eichstätt.
[1] E. P.-Bl. 1854 S. 95.
[2] Fasc. 558 S. 21 Ord.-Archiv Eichstätt.
[3] Glanvell II S. 251 ff.; Friedberg S. 599. s. auch Sax S. 244 f.; E. P.-Bl. 1854 S. 94.

ihr angestellten Geistlichen zu. Die Verwandten wurden demnach in keiner Weise berücksichtigt, ganz im Gegensatze zur späteren Entwicklung des kirchlichen Rechtes, dessen Tendenz, seitdem man zwischen den „ratione personae" und „intuitu ecclesiae" erworbenen Gütern zu unterscheiden anfing, dahin ging, das ausschließliche Erbrecht der Kirche zugunsten der gesetzlichen Erben zu beschränken, indem lediglich die „bona respectu ecclesiae acquisita" von vornherein und allein von der Kirche beansprucht werden konnten, nach dem Grundsatze „Alles, was von der Kirche, der kirchlichen Stellung sich herleitet, geht wieder an die Kirche zurück".

Neben den Satzungen der hl. Canones sollte nach der Const. Berth. bei Intestaterbfällen auch die bis dahin von den Bischöfen beobachtete Gewohnheit in Betracht gezogen werden, indem die weitere Bestimmung in der Konstitution getroffen ist: „ac etiam (scilicet disponatur) secundum consuetudinem per episcopos praedecessores nostros hactenus observatam". Diese Uebung bestand nun darin[1], daß das ganze Vermögen — wohl eine Nachwirkung aus dem alten Spolienrechte — verstorbener Kleriker, das nach Abzug der Schulden und Besorgung der Exequien noch übrig blieb, dem Bischofe zur Disposition zufiel. Vom Bischofe wurde dann der Nachlaß, wie aus den späteren Verordnungen hervorgeht, für Kirchen, zur Mensa Episcopalis, für die Armen, für den geistlichen Rat und für Kanzleigebühren verwendet.

Diese Grundsätze der Const. Berth. über die Intestaterbfolge, nach welchen also der Nachlaß ohne Berücksichtigung gesetzlicher Erben in seiner Gesamtheit einen bestimmten Anfall erleidet, das Vermögen wieder an die Kirche zurückgeht, hat eine teilweise Aehnlichkeit mit dem sog. „Fallrecht" des deutschen Rechtes[2], wonach die ererbten Grundstücke des Verstorbenen, der keine Deszendenten hinterlassen hat, an diejenige Seite fallen, von welcher sie herrühren, gemäß dem altdeutschen Rechtsspruche: „Erbgut geht wieder den Weg, daher es gekommen." Auch hier wird der Anfall des Vermögens nach seiner Herkunft behandelt, jedoch handelt es sich hier nur um eine Singularsukzession, während nach den Bestimmungen der Const. Berth. Universal-

---

[1] Fasc. 558 S. 21 Ord.-Archiv Eichstätt.
[2] Stobbe V S. 105.

sukzession vorliegt, da die Gesamtheit der Güter, gleichgültig, ob es Immobiliar- oder Mobiliarvermögen ist, der Kirche anheimfällt.

Die Bestimmung der Const. Berth. über das Intestaterbrecht gab bald Anlaß zur genaueren Präzisierung[1]. Nach dem Freiheitsbriefe der bayerischen Herzoge vom Jahre 1385 soll der Rücklaß eines ohne Testament verstorbenen Geistlichen an seine Verwandten übergehen; die Const. Berth. gestand dies nicht zu, da sie, wie oben geschildert, einen gerade entgegengesetzten Standpunkt einnahm; so bildete sich bald ein offener Gegensatz zwischen dem Fürstbistume Eichstätt und Bayern. Während nun Bayern es bei anderen Ordinariaten durchsetzte, daß sich diese gegen Ueberlassung einer bestimmten Quote für seine Zivilgesetzgebung entschieden, bestand Eichstätt im Rezeß von 1638 auf seinem Rechte[2].

Um nun jedoch etwaigen hiedurch entstehenden Unstimmigkeiten und Zerwürfnissen aus dem Wege zu gehen, suchte man überhaupt die ganze Veranlassung hiezu möglichst zu verhindern, indem ein Diözesanstatut erlassen wurde, wonach jeder Bepfründete bei Eintritt in das Kapitel seine Testamentsexekutoren zu benennen hatte, deren Aufgabe es dann war, ihn rechtzeitig zur Errichtung eines Testamentes zu bestimmen[3]. Von der Einhaltung dieser Vorschrift wurde sogar der Genuß des privilegium Bertholdianum abhängig gemacht. Obige Bestimmung ist auch als Ausgangspunkt für die Martinsche Verordnung zu betrachten, wonach nur mehr Kapitelsmitglieder als Testamentszeugen fungieren durften.

———❦———

Kapitel IV.

Gewohnheitsrechtliche Weiterbildung der Constitutio Bertholdiana.

§ 9.

Abweichend von den gesetzlichen Bestimmungen dieser Konstitution entwickelten sich nun im Laufe der Zeit gewohn-

---

[1] E. P.-Bl. 1854 S. 94.
[2] Unter Marquard II. Schenk v. Kastell (1636—1685), s. Sax S, 527,
[3] E. P.-Bl. 1854 S. 94.

heitsrechtliche Normen, die allmählich allgemeine Gültigkeit beanspruchten und auch fanden. Jedoch erfuhren nicht alle oder einzelne Bestimmungen der Const. Berth. gewohnheitsrechtliche Abänderungen, sondern lediglich die Vorschrift, nach welcher zur Errichtung des Testamentes eines Geistlichen Sollenität, d. h. Anwesenheit von zwei Zeugen erforderlich war, während nach Gewohnheitsrecht formlose Testamentserrichtung genügte und zur Gültigkeit lediglich Gewißheit des Willens verlangt wurde.

Vor allem liegt es nahe, die Ursache zu erforschen, aus der sich die Ansicht von der Gültigkeit formlos errichteter Testamente, mag dieselbe eine richtige oder irrtümliche sein, gebildet hat. Die Entstehung dieser Rechtsanschauung kann auf zweifache Weise stattgefunden haben, indem entweder

1. die Verordnung des Bischofs Rabno vom Jahre 1377, welche als eine Erläuterung der Const. Berth. zu betrachten ist[1], oder

2. die in den anderen Diözesen des Mainzer Metropolitansprengels[2], zu dem auch Eichstätt gehörte, herrschende Uebung[3] zum Ausgangspunkte genommen wurde.

a) In der Rabnonischen Verordnung lauten die hieher bezüglichen Stellen folgendermaßen:

Statuimus, quod Canonicus etc. duos eligat fideicomissarios suam ultimam exprimens voluntatem, videlicet committendo eisdem fideicomissariis simpliciter dispositionem omnium rerum suarum, prout eis pro salute animae suae melius videbitur expedire sive hoc fiat in scripto, sive sine scripto, dummodo constare possit et probari, talis dicitur fuisse testatus. Ferner: Porro per praedictam formam testamenti nolumus nos omnes et singulos praecise adstringere ad eandem formam tantummodo observandam, imo quilibet nostrum potest per se disponere, tetare, legare et dare in scripto vel sine scripto res suas, cui voluerit, ita tamen, quod ipsius testamentum secundum

---

[1] Erkenntnis des K. Bezirksgerichtes Eichstätt vom 31. XII. 1862; E. P.-Bl. 1863 S. 150 ff.

[2] Zur Mainzer Kirchenprovinz gehörte außer Mainz und Eichstätt, dessen Bischöfe auf Grund des Synodalbeschlusses zu Mainz vom Jahre 1752 den ersten Rang unter den Suffraganen des Mainzer Kirchensprengels einnahmen, noch Paderborn, Hildesheim und Worms, s, Sax S. 107,

[3] Roth III S. 191 f.

unam praemissarum formarum factum, per instrumentum publicum,
aut literam proprio sigillo, vel nostro ad causas, seu utroque, vel
alterius honesti viri sigillatum, vel per idoneos testes probari
possit et constare.

Hieraus ist klar und deutllch zu entnehmen, daß der Geistliche für sich allein, ohne Zuziehung von Zeugen, seine letzt-
wllligen Verfügungen treffen kann — potest per se disponere —,
daß zu einem gültigen Testament Gewißheit des Willens genügt —
suam ultimam exprimens voluntatem sive hoc fiat in scripto, sive
sine scripto, dummodo constare possit et probari, talis dicitur fuisse
testatus —, daß endlich die in der Const. Berth. vorgeschriebene
Anwesenheit zweier Zeugen bei Testamentserrichtungen nur zur
Erleichterung des Beweises, dagegen nicht zur Gültigkeit
des Testamentes erforderlich ist[1].

b) Was die andere Möglichkeit der Entstehung obiger
Gewohnheit anlangt, so steht fest, daß in den anderen Diözesen
des Mainzer Metropolitansprengels, nämlich außer Mainz auch in
Würzburg und Fulda, die Uebung der formlosen Testamentserrichtung herrschte und es ist die Vermutung nicht von der Hand
zu weisen, daß auf diesem Wege die Einführung obiger Gewohnheit in der Diözese Eichstätt zu erklären ist.

Mag nun die Entstehung des Gewohnheitsrechtes aus der
einen oder anderen Tatsache sich herleiten, mag sie auf das Zu-
sammenwirken beider oben bezeichneter Umstände zurückzuführen
sein, was vielleicht das wahrscheinlichste ist, jedenfalls steht fest,
daß im Fürstbistume Eichstätt den Geistlichen auf Grund gewohnheitsrechtlicher Entwicklung der Const. Berth. die Möglichkeit vollständig formloser Testirung[2] geboten war. Diese
Formfreiheit, die für die Testirungen schließlich die normale Erscheinung bildete, die jedem Geistlichen ohne Ausnahme nach
seinem Belieben zustand, steht in einem auffallenden Gegensatze
zu den einschlägigen Bestimmungen anderer Rechte, wo nur in
besonderen Ausnahmefällen und beim Vorliegen ganz bestimmter

---

[1] Die Zeugen sind nicht „ad valorem", sondern nur „ad probationem testamenti" erforderlich. s. E. P.-Bl. 1861 S. 199.

[2] Roth III S. 291 f.; E. P.-Bl. 1863 S. 149 ff.; Sax S. 246; Bl. f. R.-A.
XXX S. 348 ff.

Verhältnisse eine vollständige Formlosigkeit in der Testirung zugestanden wurde.

So konnten nach römischem Rechte Soldaten im ·Felde ohne alle Form testiren durch Abgabe einer Erklärung irgendwelcher Art, falls es feststand, daß sie überhaupt einen letzten Willen hatten errichten wollen.

Im gemeinen Rechte[1] wurde dieses Privilegium beim testamentum militare nur dann gewährt, wenn das Testament vom Testator eigenhändig unterschrieben war.

Von weiteren Formalitäten befreit war sowohl nach römischem wie gemeinem Rechte auch das schriftliche Testament, in welchem Aszendenten bloß zugunsten ihrer Deszendenten verfügten, das testamentum parentum inter liberos[2].

Nach kanonischem Rechte[3] waren letztwillige Verfügungen zugunsten milder Stifungen- oder Kirchen formfrei; es genügte für das testamentum ad pias causas, wenn ein vom Erblasser unzweifelhaft eigenhändig geschriebenes Testament vorhanden war.

§ 10.

Wenn wir nun auf die Bildung und Entwicklung des Gewohnheitsrechtes nach der Const. Berth. selbst eingehen, so ist folgendes zu bemerken[4]:

a) Kurze Zeit schon nach dem Erlasse der Verordnung des Bischofs Rabno vom Jahre 1377 fanden sich Testamente, die der vorgeschriebenen Form nicht entsprachen; die meisten Testamente bestanden in einem Schriftwerke, welches vom Testator geschrieben und unterschrieben wurde, teilweise auch von anderen Personen geschrieben, vom Testator aber unterschrieben war, wobei des öfteren das Siegel beigedruckt wurde.

Durch diese Testamente wurde nun jedenfalls der Nachweis einer tatsächlichen Uebung des Rechtssatzes von seiten der Testatoren erbracht.

Zur Entstehung eines Gewohnheitsrechtes genügt jedoch das Vorhandensein einer tatsächlichen Uebung nicht, sondern es müssen

---

[1] Roth III S. 279 f.
[2] Windscheid II S. 221; Roth III S. 292.
[3] Glanvell II S. 128; Friedberg S. 561 f.
[4] E. P.-Bl. 1863 S. 151 ff.

auch die handelnden Personen der Ansicht sein, daß sie ein ihnen zustehendes Recht ausüben.

b) Hiefür genügt die Anführung der Tatsache, daß die Testamente der Geistlichen während eines 300jährigen Zeitraumes fast durchgehends formlos oder zum mindesten nicht unter genauer Einhaltung der vom Bertholdianum aufgestellten Vorschriften errichtet wurden, daß also jedenfalls der Klerus der Diözese Eichstätt von der ältesten bis auf die jüngste Zeit von der rechtlichen Ueberzeugung durchdrungen war, ohne Sollenität gültig testiren zu können; denn sonst wäre wohl schwerlich in dieser fortgesetzten und ausgedehnten Uebung die Errichtung dieser Testamente möglich gewesen.

Wird nun, abgesehen von dieser allgemeinen unter den Geistlichen bestehenden Rechtsanschauung, abgesehen von der Unzahl der in formloser Weise errichteten Testamente, noch in Betracht gezogen, daß mehrere der Testatoren durch ausdrückliche Bezugnahme auf ein ihnen in diesem Falle zustehendes Privilegium ihrer rechtlichen Ueberzeugung von der Gültigkeit ihrer formlosen Testamente unzweideutigen Ausdruck verliehen haben, so kann die Annahme nicht von der Hand gewiesen werden, daß der Nichteinhaltung gewisser Formen nicht Versehen, Irrtum oder Unwissenheit, sondern die rechtliche Ueberzeugung der Testatoren zugrunde lag, daß ihre in dieser Weise errichteten Testamente zu Recht bestehen.

Diese Rechtsüberzeugung der Geistlichen teilten auch die Vikariatsämter, die als Verlassenschaftsbehörden in Betracht kamen, was aus ihrem bei der Behandlung der Verlassenschaften beobachteten Verfahren deutlich hervorgeht; denn sie haben niemals in formloser Weise errichtete Testamente zurückgewiesen oder für ungültig erklärt, obwohl sie hiezu berechtigt und sogar verpflichtet gewesen wären, für den Fall, daß sie eine andere Rechtsanschauung gehabt hätten; es war ihnen nämlich in ihrer Eigenschaft als Verlassenschaftsbehörde eine gewisse causae cognitio über die Gültigkeit der Testamente zugestanden, nachdem sie ja auch zur Entscheidung eines Streites über die Gültigkeit der Testamente überhaupt das kompetente Gericht waren.

Hier handelt es sich indessen um ein Privilegium der Geist-

eine rechtlichen Wirkungen nicht allein auf die Ange-
es Standes, sondern auch auf die Laien erstreckt,
liese im Testamente mit Vermögenszuwendungen be-
, sei es, daß sie durch das Testament benachteiligt
als Inestaterben mit Legaten belastet waren.
3 daher die Uebung des Rechtssatzes auch auf
er Personen einer näheren Prüfung unterzogen werden.
Testamente bedachten Personen äußert sich diese
sowohl in dem Antritte der Erbschaft wie auch
erbe und der Annahme der Legate, während bei den
ite nicht bedachten Personen sowie auf seiten der-
mit Legaten beschwert waren, die Uebung aus der
enen Anerkennung dieses Testamentes sich er-

nsicht der Testamentsakten läßt zwar nicht ersehen,
m Todesfalle eines Geistlichen jedesmal eine Aus-
er Intestaterben von seiten der Verlassenschaftsbehörde
l daß diese aufgefordert wurden, über Anerkennung
ierkennung des Testamentes sich zu erklären; allein
emerken, daß der Todesfall eines Geistlichen jedenfalls
eren oder weiteren Umkreise seines Wohnortes bekannt
m noch dazu diese Tatsache regelmäßig von der Kanzel
verkündet wurde, wobei stets der Vermerk beigefügt
alle etwaigen Ansprüche gegen den Nachlaß innerhalb
mten Zeitraumes angemeldet werden sollen.
i ist mit Sicherheit anzunehmen, daß alle etwa in
nmenden Interessenten in jedem Falle von dem Todes-
is hatten und daher in der Lage waren, mit der Geltend-
er Ansprüche hervorzutreten. Trotz alledem ist in allen
kten, von verschwindenden Ausnahmen abgesehen, nichts
is auf eine Nichtanerkennung des Testamentes von seiten
igten hätte schließen lassen.
n für sich betrachtet, können allerdings diese Fälle,
i in formloser Weise errichtetes Testament von den
ten Instestaterben als gültig anerkannt wurde, den
iues Gewohnheitsrechtes nicht liefern; besteht jedoch
e Anzahl von solchen Fällen, die einen Zeitraum

von mehreren Jahrhunderten umfassen, so läßt sich hier wohl mit Sicherheit der Schluß ziehen, daß die Anfechtung der Testamente nicht aus bloßem Entgegenkommen oder reiner Gleichgültigkeit, sondern aus dem rechtlichen Bewußtsein, daß das Testament gültig sei, unterblieben ist. Es ist ja schließlich die Annahme nicht von der Hand zu weisen, daß ursprünglich in der früheren Zeit die große Achtung, die der Laie dem geistlichen Stande zollte, und das unbedingte Vertrauen, das er in die moralisch und rechtlich makellose Betätigung desselben setzte, ihn von der Anfechtung des Testamentes absehen ließ, weil er der Annahme war, daß der Geistliche sich genau an die gesetzlichen Vorschriften halte und sich keinerlei Verfehlung gegen dieselben zuschulden kommen lasse; allein dazu muß bemerkt werden, daß nicht die Art der Entstehung dieser Meinung, sondern lediglich deren wirkliches Vorhandensein maßgebend ist. Dazu kommt, daß der Fürstbischof, der oberste Träger nicht bloß der geistlichen, sondern auch der weltlichen Macht, der damals alle gesetzgebende Gewalt in seiner Person vereinigte, jedenfalls um das den Geistlichen gewährte Privileg wußte, daß er ferner ohne Zweifel unterrichtet war über die Auffassung, die hinsichtlich der Voraussetzungen desselben sowohl von den Interessenten als von seiten seines Vikariatsamtes geteilt wurde; dessenungeachtet sind von dieser Seite niemals Schritte getan worden, um eine Korrektur dieser Auffassung herbeizuführen, so daß auch von seiten der gesetzgebenden Gewalt volles Einverständnis und volle Billigung der bestehenden Praxis angenommen werden muß.

Auf Grund dieser Voraussetzungen hat sich also auf der Basis der gesetzlichen Bestimmungen der Const. Berth. ein Gewohnheitsrecht des Inhaltes entwickelt, daß zur Rechtsbeständigkeit eines Testamentes eines Geistlichen des Fürstbistums Eichstätt formlose Testamentserrichtung genügt und daß lediglich Gewißheit des Willens des Testators erforderlich ist.

c) In welchem Zeitpunkte wohl die Anfänge dieses Gewohnheitsrechtes einsetzen, ist nicht genau nachzuweisen; jedenfalls scheint festzustehen, daß schon vor dem Erlasse der Verordnung des Bischofs Martin im Jahre 1700 gewohnheitsrechtliche Normen dieser Art bestanden, da ja gerade das Erscheinen dieser Ver-

ordnung, welche auf die genaue Einhaltung der Bertholdianischen
Vorschriften hinzuwirken sucht, am schlagendsten beweist, daß
damals schon nicht mehr die in der Const. Berth. vorgeschriebene
Testamentsform beobachtet wurde.

Das Erscheinen dieser Martin'schen Verordnung bedeutet
aber nicht eine Unterbrechung dieser Rechtsgewohnheit; denn
die Vorschriften derselben bezüglich der Zuziehung von zwei
Zeugen fanden in der Praxis keinen Eingang, was schon aus dem
Umstande erhellt, daß bereits drei Jahre nach ihrem Erlasse ein
diesen Bestimmungen in dieser Hinsicht nicht entsprechendes
Testament errichtet, und ohne daß hiegegen Einspruch erhoben
wurde, vom Vikariatsamte auch in Vollzug gesetzt wurde.

§ 11.

Schließlich sei noch erwähnt, daß die Rechtsgültigkeit
formlos errrichteter Testamente der Geistlichen der Diözese
Eichstätt durch Erkenntnisse des Bezirks- und Appell-
gerichtes Eichstätt und des Oberappellgerichtes in München
bestätigt wurde, wie noch folgender Fall beweist[1]:

Das Testament des zu Pollenfeld verlebten Pfarrers F. X.
Maurer wurde vom Haupterben, dem Bruder des Verstorbenen,
angenommen, von den übrigen erbenden Verwandten als ungültig angestritten mit dem Hinweise darauf, daß es nicht in der
gesetzlich vorgeschriebenen Form von zwei Zeugen unterschrieben
worden sei.

Das K. Bezirksgericht Eichstätt entschied unter dem
31. Dezember 1862 die Streitsache dahin, daß das Testament als
gültig zu erachten sei, nachdem in der Diözese Eichstätt sich ein
Gewohnheitsrecht des Inhaltes gebildet habe, daß jedes Testament
eines Geistlichen als gültig anzuerkennen sei, wenn nur gewiß sei,
daß es seinen letzten Willen enthalte, gleichviel in welcher Form
es errichtet wurde, mit oder ohne Zeugen.

Das K. Appellationsgericht von Mittelfranken mit dem Sitze
in Eichstätt hat dieses Urteil am 16. V. 1863, das K. Ober-
appellationsgericht in München am 17. VIII. 1863 bestätigt.

---

[1] E. P.-Bl. 1863 S. 149; Bl. f. R.-A. XXX S. 351 f.

Die einschneidende Bedeutung, welche die Const.
die Privatrechtsverhältnisse der Geistlichen hatte, legt
die Frage nahe, was denn eigentlich als ihr Geltungs;
als ihre Geltungsdauer betrachtet werden muß.

Kapitel V.

Geltungsgebiet der Constitutio Bertholdi

§ 12.

Ueber die Frage des Geltungsgebietes der C(
gibt es zwei verschiedene Ansichten.

Die eine Meinung, die von kirchlicher Seite, g
rechtliche Erkenntnisse, vertreten wird[1], geht davon a;
Gesetzgeber die Const. Berth. in Ausübung seiner g'
Gewalt erlassen hat und daß infolgedessen die D:
Geltungsgebiet dieser Verordnung zu betrachten ist.

Die zweite Anschauung, die Arnold in seinei
Privatrechte vertritt[2], legt dar, daß Berthold als F
Gebietes in Ausübung seiner weltlichen Macht bei
der Konstitution gehandelt habe und daß infolgedessen da;
tum Eichstätt als Geltungsgebiet anzusehen ist.

a) Was nun die ersterwähnte Ansicht anlangt, s(
diese nach der ganzen Enstehungsgeschichte, nach
Fassung der Const. Berth., als gerechtfertigt, da
seine Testamentsverordnung nach langer und reiflicher
mit seinen rein geistlichen Beratern, dem Props
dem Dekane Gottfried und seinem Domkapitel, erl
Hieraus dürfte zur Genüge hervorgehen, daß Bischof
das Testamentswesen der Geistlichen als einen rein g
Gegenstand betrachtete, so daß er die Geltung ;
bezüglichen Verordnung nicht durch die Grenzen seinei

---

[1] Urteil des obersten Gerichtshofes des Königreiches vom
Urteil des K. Appellationsgerichtes der Oberpfalz und von Regensbu
1871; E. P.-Bl. 1872 S. 52 ff., 1871 S. 48 ff. Bl. f. R.-A. XXXVII
[2] Arnold I S. 298 ff.
[3] Sax S. 246.

Fürstentums beschränkt wissen wollte, sondern das darüber hinaus-
ragende Gebiet seines geistlichen Wirkungskreises, die Diözese
Eichstätt, als Geltungsgebiet ansah. Dies findet seine wörtliche
und ausdrückliche Bestätigung in dem sich mehrmals wieder-
holenden Passus seiner Verordnung „clerici nostrae Dioecesis".
Dafür spricht ferner die Tatsache, daß das Gewohnheitsrecht, das sich aus der Bertholdianischen Konstitution entwickelte,
und den Mangel jeder Testamentsförmlichkeit aufwies, nicht bloß
im Fürstentume, sondern in der ganzen Diözese Eichstätt sich
verbreitete und seine Anerkennung durchsetzte. Dazu kommt
daß man in damaliger Zeit überhaupt Testamentssachen als vor
das kirchliche Forum gehörig betrachtete[1]. Dies war nicht immer
so. Erst im Laufe des Mittelalters war es der Kirche gelungen,
gewisse Rechtstreitigkeiten, welche ein kirchliches und weltliches
Moment zugleich in sich bargen, die causae spiritualibus annexae,
wie in den Dekretalen des Papstes Gregor IX. genau unterschieden
ist, vor ihr Forum zu bringen. Darnach gehörten vor den kirchlichen Richter Ehestreitigkeiten, Begräbnissachen, die mit Eid be-
kräftigten Verträge, Streitigkeiten über kirchliches Vermögen unp
vor allem Testamentssachen[2].

In der ganzen Mainzer Kirchenprovinz[3] wurden daher auch
die Testamentssachen der Laien vor dem geistlichen Richter behandelt. „Testamentum laicalium confirmatio pertinet ex antiqua
consuetudine ad consistorium," schrieb noch im 17. Jahrhundert
der officialis Curiae Moguntinae[4].

Auch die gerichtlichen Erkenntnisse stehen durchgehends — ein gegenteiliger Fall konnte von mir nicht ermittelt
werden — auf dem Boden dieser Meinung und sind darüber einig,
daß die Const. Berth. für die Verlassenschaftsbehandlung der Kleriker
nicht bloß des ehemaligen weltlichen Fürstentums Eichstätt, sondern
des ganzen Bistums Eichstätt rechtsverbindlich ist; so z. B. ein Erkenntnis des Oberappellationsgerichtes München vom 17. VIII. 1821,

---

[1] Sägmüller S. 744 ff.; Hollweck S. 2; Hergenröther-Hollweck S. 493.
[2] v. Schulte Bd. II S. 25 ff.
[3] Zur Mainzer Kirchenprovinz gehörte außer Mainz Eichstätt, Hildesheim,
Paderborn und Worms. s. Sax S. 107.
[4] Fasc. 558 S. 11 Ord.-Archiv Eichstätt.

4

welches zu Gunsten der angefochtenen Testamentsexekutorenrechte in Batzhausen entscheidet, das notorisch nicht im ehemaligen Fürstentum wohl aber in der Diözese Eichstätts gelegen; ferner ein Urteil des gleichen Gerichtes vom 15. III. 1872, wonach dieser Gerichtshof dahin urteilt, daß die Const. Berth. Gültigkeit habe auch in oberpfälzischen und pfalzneuburgischem Gebiete der Diözese, also auf Gebiete, das nicht zum Fürstentum Eichstätt gehörte. Außerdem sind verschiedene Entscheidungen des K. B. Kreis- und Stadtgerichtes Regensburg in gleichem Sinne ergangen, so z. B. ein Erkenntnis vom 22. VIII. 1845, wonach von dem erstgeforderten Nachweise, daß Neumarkt zum ehemaligen Fürstentume Eichstätt gehört habe, jeglicher Umgang genommen und das Recht der Exekutoren ohne weiteres anerkannt wurde.

b) Wenn man der von Arnold vertretenen Anschauung nachgeht, so ist zu bemerken, daß das Geltungsgebiet der Const. Berth. sich stetig ändert entsprechend der allmählichen territorialen Veränderung bezw. Verringerung, die das Fürstentum Eichstätt im Laufe der Jahrhunderte erfuhr. So kamen im Jahre 1796 nach dem sog. Revindikationssystem Preußens, das von dem Grundsatze ausging „Quod est in territorio, etiam est de territorio", die Aemter Lehrberg, Anruh, Herrieden, Kronheim, Obermässing, Greding, Titting, Raitenbuch, Dollnstein und Mörnsheim an Ansbach und Bayreuth. Für diese Gebiete nun schloß Preußen — Ansbach und Bayreuth gehörten damals zu Preußen — die Geltung der eichstättischen Gesetze, also auch der Const. Berth. aus und verlangte, daß das preußische Landrecht und die preußische Gerichtsordnung zur Anwendung kommen sollten; nach diesen Gesetzen aber konnten Testamente nur vor Gericht errichtet werden[1].

Am 18. August 1800 wurde von Preußen das sog. Hofreskript erlassen, wonach in diesen Gebietsteilen die eichstättischen Gesetze als Gesetze zwar außer Kraft gesetzt wurden, die bisherigen gewohnheitsrechtlichen Normen jedoch auch weiterhin Geltung beanspruchen sollten. Darnach war in diesen Gebietsteilen zwar die gesetzliche, jedoch nicht die gewohnheitsrechtliche Geltung der Const. Berth. ausgeschlossen.

---

[1] Arnold I S. 7ff.; 299ff.

Für den übrigen Teil des Fürstentums Eichstätt, der im Jahre 1801 zufolge der durch den Luneviller Frieden vom 9. II. 1801 erfolgten Säkularisation an Bayern kam, blieben die bestehenden Zivilgesetze, also auch die Const. Berth. in Kraft. Im Reichsdeputationshauptschluß vom 25. II. 1803 wurde dem Großherzoge von Toskana und Kurfürsten von Salzburg das Bistum Eichstätt, jedoch mit Ausnahme der Aemter Sandsee, Wernfels, Spalt, Abenberg, Ahrberg, Ornbau, Vornberg und Herrieden sowie alle übrigen von den ansbachischen und bayreuthischen Landen eingeschlossenen Zugehörungen überwiesen. Dieser, dem Größherzoge von Toskana zugesprochene Teil des Fürstbistums Eichstätt, das sog. untere Fürstentum, kam zufolge des Preßburger Friedens vom 22. XII. 1805 wieder an Bayern, das durch Verordnung vom 8. V. 1806 den Fortbestand der bestehenden Civilgesetzgebung, also auch die Weitergeltung der Bertholdïanischen Konstitution erklärte.

Von den obengenannten bei Bayern gebliebenen Aemtern — das obere Fürstentum genannt — vertauschte es durch Vertrag vom 30. VI. 1803 die fünf Distrikte Herrieden, Ornbau, Spalt, Abenberg und Pleinfeld-Sandsee, jedoch mit Ausnahme des rechts der schwäbischen Rezat liegenden Teiles des Pleinfeld-Sandseer-Distriktes an Preußen; in diesen Gebietsteilen hat Preußen zwar sein Landrecht nur subsidiär promulgiert, seine Gerichtsordnung aber als einzige Richtschnur des Verfahrens, mithin also nicht bloß subsidiär eingeführt, ja durch die Bestimmung, daß alle Testamente und anderen letzwilligen Verfügungen, welche vor dem 1 I. 1805 errichtet worden sind, nach den älteren Gesetzen beurteilt und die neuen Gesetze keine rückwirkende Kraft haben sollten, klar zu erkennen gegeben, daß die älteren Gesetze dieser Art nur bis 1. I. 1805 in Kraft bleiben sollten.

Der übrige bei Bayern gebliebene Teil des sog. oberen Fürstentums wurde der Provinz Neuburg einverleibt und durch Reskript vom 4. VI. 1804 wurde das in diesen Bezirken geltende Eichstätter Recht aufgehoben und das bayerische Civilrecht eingeführt.

So kam es schließlich, daß nur mehr in einem kleinen Teile des früheren Fürstbistums Eichstätt, in dem sog. unteren Fürstentume, bestehend aus den (früheren) Landgerichtsbezirken

4*

Eichstätt, Raitenbuch, Kipfenberg und Beilngries das eichstättische Recht und damit auch die Const. Berth. ihre Geltung behaupteten; hier galt also primär das eichstättische, subsidiär noch das gemeine Recht[1]. Wenn wir die beiden Anschauungen über das Geltungsgebiet der Const. Berth. miteinander vergleichen, so dürfte wohl die erstgenannte, welche die Diözese als Geltungsgebiet betrachtet — wie oben schon angedeutet und auch des Näheren begründet wurde — als die richtigere von beiden bezeichnet werden. Die von Arnold vertretene Ansicht nimmt einen viel zu engherzigen Standpunkt ein und entspricht durchaus nicht den damaligen Rechtsbegriffen sowie den tatsächlichen Verhältnissen über die Machtbefugnisse der geistlichen Fürsten jener Zeit und die dem geistlichen Machtbereiche damals unterstellten Rechtsgebiete.

———⊱◉⊰———

Kapitel VI.
Geltungsdauer der Constitutio Bertholdiana.
§ 13.

In engem Zusammenhange mit der Frage nach dem Geltungsgebiete der Const. Berth. steht auch die Frage nach der Geltungsdauer derselben.

Wie sich schon aus den Ausführungen über das Geltungsgebiet dieser Verordnung ergibt, ist die Geltungsdauer je nach der Ansicht, der man bezüglich des Geltungsgebietes der Const. Berth. folgt, eine verschiedene.

a) Folgt man nämlich der Anschauung, daß das Fürstentum Eichstätt als Geltungsgebiet anzusehen ist, so ist mit der Abtrennung und Zuteilung einzelner Gebietsteile an andere Staaten und mit dem Zeitpunkte der Unterstellung dieser Gebietsteile unter die Gesetze dieser Staaten die Gültigkeit der eichstättischen Gesetze und damit der Const. Berth. erloschen. Hiebei ist natürlich Voraussetzung, daß diese Gesetze nicht bloß subsidiäre Geltung hatten oder nicht etwa die Gesetze der früheren Herrschaft bestehen ließen.

So verliert diese Verordnung mit dem Beginne des

---

[1] Arnold I 300 ff.

19. Jahrhunderts allmählich in verschiedenen Teilen des Fürstentums ihre Geltungskraft in der oben geschilderten Weise, bis sie schließlich nur mehr im Gebiete des sog. unteren Fürstentums ihre Gültigkeit bis zum Jahre 1900 behauptete.

b) Geht man jedoch von dem Gesichtspunkte ans, daß die Geltungskraft der Const. Berth. sich über das Gebiet der Diözese Eichstätt erstreckt, eine Ansicht, die als die herrschende bezeichnet werden muß, die auch in der Praxis der Gerichte wiederholte Anerkennung gefunden hat, so bestand die Gültigkeit der fraglichen Verordnung nicht bloß im Fürstentume Eichstätt, sondern auch darüber hinaus in jenen Gebietsteilen, die zwar nicht mehr zum Fürstentume, wohl aber zur Diözese Eichstätt gehörten, bis zum Inkrafttreten des B. G.-B. mit dem 1. Januar 1900 zu Recht.

Mit der Einführung des B. G.-B. aber ist die Rechtsverbindlichkeit der Const. Berth. sowohl in gesetzlicher wie in gewohnheitsrechtlicher Hinsicht erloschen; denn nach Art. 55 EG. zum B. G.-B. treten die privatrechtlichen Vorschriften der Landesgesetze außer Kraft, soweit nicht im B. G.-B. oder in dem EG. zum B. G.-B. ein anderes bestimmt ist; nachdem aber zugunsten der Const. Berth. weder im B. G.-B. noch im EG. zum B. G.-B. ein Vorbehalt gemacht ist, verlor diese zufolge obiger Bestimmung mit der Einführung des neuen Gesetzes ihre Geltung. Das Bürgerliche Gesetzbuch, das seine Herrschaft über das ganze Deutsche Reichsgebiet erstreckt, verursachte nun einerseits wie in fast allen Teilen des alten Rechtes auch im Erbrechte und speziell im Testamentswesen große Umwälzungen der rechtlichen Verhältnisse im Gebiete des eichstättischen Rechtes, andererseits hat aber das alte Recht seine Bedeutung noch nicht vollständig verloren, indem es noch in mancherlei Hinsicht in die neue Rechtsgestaltung eingreift.

Was zunächst die Aenderung der erbrechtlichen Bestimmungen des eichstättischen Rechtes anlangt, so haben sich sowohl bezüglich der Anwendbarkeit und Ausdehnung der den diesbezüglichen Rechtsvorschriften unterworfenen Personen, als auch der Form der Errichtung der Testamente bezw. der Grundsätze, die für die Instestaterbfolge maßgebend sind, unter der Herrschaft des neuen Rechts verschiedene Neuerungen gebildet.

Während nämlich die Const. Berth. lediglich für einen besonderen Stand, die katholischen Geistlichen, zur Anwendung kam, gelten die Bestimmungen des B. G.-B. schlechthin für alle menschlichen Individuen seines Herrschaftsgebietes ohne Unterschied des Standes, der Religion oder des Geschlechtes; während ferner die Const. Berth. nach ihren gesetzlichen Vorschriften lediglich eine Errichtung des Testamentes vor zwei Zeugen kannte, unterscheidet das B. G.-B. zwischen einem Privattestamente und einem öffentlichen Testamente und läßt es bezüglich des ersteren für die Gültigkeit genügen, wenn der Erblasser unter Angabe des Ortes und Tages eine eigenhändig geschriebene und unterschriebene Erklärung abgibt, während es für das öffentliche Testament verlangt, daß entsprechend der Wahl des Testators das Testament entweder vor einem Richter oder Notare errichtet werden müsse, wobei der Richter einen Gerichtsschreiber oder zwei Zeugen, der Notar einen zweiten Notar oder zwei Zeugen zuzuziehen habe.

Bayern hat von der ihm nach Art. 141 EG. zum B. B.-G. zustehenden Befugnis, durch Landesgesetz zu bestimmen, daß für die Errichtung eines Testamentes entweder das Gericht oder der Notar zuständig sein soll, Gebrauch gemacht, indem es ausdrücklich bestimmte (AG. zum GVG. Art. 15 in der Fassung des AG. zum B. G.-B. Art. 167 Ziff. 1 und Not.-G. Art. 1), daß dem Notare die ausschließliche Zuständigkeit hinsichtlich der Aufnahme von Testamenten übertragen werde[1].

Allein trotz der mannigfachen Neuerungen, die das B. G.-B. gebracht hat, trotz der andersartigen Bestimmungen, die es gegenüber der Const. Berth. aufweist, insoweit überhaupt ein Vergleich zwischen der Const. Berth. und den Bestimmungen des B. GB. zulässig ist, so ist doch der Grundzug, der beide Rechte beherrscht, ein einheitlicher, nämlich das Streben nach möglichster Vereinfachung des rechtsgeschäftlichen Vorganges bei letzten Willenserklärungen, auf möglichste Verzichtleistung und Beseitigung jeglicher bloß formeller Voraussetzungen.

Es ist aber immerhin bemerkenswert, daß die gleichen Tendenzen, die bei der Ausarbeitung des B. G.-B. vorherrschend

---

[1] Oertmann: Bayer. Landescivilrecht S. 640.

waren, schon damals im 14. Jahrhundert für einen allerdings weit-schauenden und verständnisvollen Gesetzgeber maßgebend und bestimmend wareu, wenn auch schließlich die Testamentsbestimmungen des B. G.-B, eine größere Vervollkommnung in der Vereinfachung der Form aufweisen gegenüber den gesetzlichen Bestimmungen der Const. Berth., nicht aber gegenüber den gewohnheitsrechtlichen Fortbildungen dieser Verordnung, wonach zur Gültigkeit eines Testamentes lediglich Gewißheit des Willens erforderlich war, ein Minimum in den Voraussetzungen für die Gültigkeit letztwilliger Erklärungen, das wohl schwerlich mehr einer Reduzierung fähig ist. Grundverschieden dagegen sind die Bestimmungen über die Intestaterbfolge. Nach der Const. Berth. verfügt der Bischof über den Nachlaß eines ohne Testament verstorbenen Geistlichen ohne Rücksicht auf etwaige Verwandte; nach dem B. G.-B. aber treten in diesem Falle nach der Parentelenordnung die Verwandten bezw. der überlebende Ehegatte und in Ermangelung dieser der Fiskus als Erben ein.

Allein diese Veränderungen in den gesetzlichen Bestimmungen bedingen nicht einen völligen Ausschluß des alten Rechtes, denn das neue Recht berücksichtigt noch in verschiedener Hinsicht die alten Rechtsverhältnisse[1]. So kommen, was die Testaments-errichtung der katholischen Geistlichen im ehemaligen Geltungs-gebiete der Const. Berth. anbelangt, die Rechtsgrundsätze dieser Verordnung in doppelter Hinsicht unter dem neuen Rechte noch in Betracht, nämlich:

1. bezüglich der Errichtung der Testamente vor dem Jahre 1900,

2. bezüglich der Aufhebung derselben.

Bei der Errichtung eines Testamentes vor dem Jahre 1900 entscheidet über die Form desselben das alte Recht, während die Gültigkeit des Inhaltes nicht nach dem alten, sondern nach dem neuen Rechte zu beurteilen ist. Für die Form der Errichtung sind weder Erschwerungen, noch Erleichterungen des neuen Rechtes maßgebend; erstere entziehen diesem Rechtsgeschäfte seine Gültigkeit nicht, letztere verleihen ihm dieselbe nicht. Es

---

[1] Oertmann: Bayer. Landesprivatrecht X S. 1 f. 12; Habicht: B. G.-B. S. 720 ff., 928 ff.

kommt immer auf den Zeitpunkt der wirklichen Errichtung an, nicht auf den Zeitpunkt, an welchem die letztwillige Verfügung errichtet sein will, von welchem sie das Datum trägt. So ist z. B. ein im Jahre 1899 von einem katholischen Geistlichen im ehemaligen Geltungsgebiete der Const. Berth. errichtetes Testament nichtig, selbst wenn der Erblasser erst später stirbt.

Entspricht nun aber ein unter dem alten Rechte errichtetes Testament den gesetzlichen Erfordernissen des alten Rechtes nicht, so ist die Sachlage die gleiche, als wenn bei Einführung des neuen Rechtes überhaupt keine letztwillige Verfügung vorhanden wäre, es tritt die gesetzliche Erbfolge des neuen Rechtes ein. Dieselbe findet auch statt, wenn ein unter dem früheren Rechte den vorgeschriebenen Formen entsprechendes Testament errichtet, jedoch in gültiger Weise wieder entkräftet wurde.

Wie das alte Recht über die Errichtung einer letztwilligen Verfügung entscheidet, so ist es auch für die vor dem Jahre 1900 erfolgte Aufhebung einer solchen, d. h. für die Form dieses Rechtsgeschäftes maßgebend. Unter Aufhebung aber versteht das neue Recht die formelle Entkräftung durch den Erblasser, nicht eine Entkräftung des Inhaltes des Testamentes.

So wirken also im Gebiete des ehemaligen eichstättischen Rechtes die Bestimmungen der Const. Berth. selbst in unsere heutigen Rechtsverhältnisse noch herein; noch jetzt wird gegebenen Falles unser Rechtsleben, was das Testamentswesen der kath. Geistlichen betrifft, wenn auch nicht beherrscht, so doch beeinflußt von einem Gesetze, das lange Jahrhunderte hindurch den einschlägigen Rechtsbedürfnissen vollauf genügte und dem, was Geltungsdauer und praktische Verwendbarkeit anlangt, wohl wenige aus der Zeit seines Ursprunges an die Seite gestellt werden können.